Manger cru

LYNELLE SCOTT-AITKEN

Manger cru

UNE CUISINE SANS VIANDE
ET SANS CUISSON

Guy Saint-Jean
ÉDITEUR

Catalogage avant publication de Bibliothèque et Archives Canada

   Scott-Aitken, Lynelle

   Manger cru : une cuisine sans viande et sans cuisson

   Traduction de : Raw.

   Comprend un index.

   ISBN 2-89455-185-1

   1. Crudivorisme. 2. Cuisine végétarienne. I. Titre.

   RM237.5.S3614 2005   613.2'6   C2004-942144-1

Nous reconnaissons l'aide financière du gouvernement du Canada par l'entremise du Programme d'Aide au Développement de l'Industrie de l'Édition (PADIÉ) ainsi que celle de la SODEC pour nos activités d'édition.

Gouvernement du Québec – Programme de crédit d'impôt pour l'édition de livres – Gestion SODEC

Conception du projet : Deborah Nixon

Texte : Lynelle Scott-Aitken

Photographie : Alan Benson

Stylisme : Vicki Liley

Accessoires : Georgina Leonard

Conception graphique : Avril Makula

Coordination : Bettina Hodgson

Révision : Stephanie Kistner et Sharon Silva

Production : Sally Stokes et Eleanor Cant

Des remerciements à : Duck Egg Blue, Balmain et Plenty, Balmain

Traduction : La Mère Michel

Révision française : Nathalie Viens

Infographie : Christiane Séguin

Dépôt légal 2e trimestre 2005

Bibliothèques nationales du Québec et du Canada

ISBN 2-89455-185-1

Distribution et diffusion

Amérique : Prologue

France : CDE/Sodis

Belgique : Diffusion Vander S.A.

Suisse : Transat S.A.

Guy Saint-Jean Éditeur inc., 3154, boul. Industriel, Laval (Québec) Canada. H7L 4P7. (450) 663-1777.

Courriel : saint-jean.editeur@qc.aira.com • Web : www.saint-jeanediteur.com

Guy Saint-Jean Éditeur France, 48 rue des Ponts, 78290 Croissy-sur-Seine, France. (1) 39.76.99.43. Courriel : gsj.editeur@free.fr

Imprimé et relié à Singapour

Sommaire

Introduction

Une pomme bien croquante, des noix de macadamia savoureuses, une salade rafraîchissante et colorée, des herbes et des épices aux riches arômes, du miel de fleurs ou des fruits séchés, voilà quelques-uns des aliments crus que nous consommons régulièrement et qui font partie d'une diète équilibrée. Certaines personnes se sentent si bien et si pleines d'énergie après avoir mangé de tels aliments qu'elles choisissent dès lors de ne manger que des aliments crus. Une diète ne comprenant que des aliments crus peut être délicieuse, variée et nutritivement équilibrée. Les seules limites à une telle diète sont l'accessibilité à une grande variété de produits frais de saison et... l'imagination de la personne qui les cuisine.

Vous trouverez dans ce livre une foule de recettes « sans viande et sans cuisson » uniquement à base d'aliments crus. Toutefois, afin de nous conformer aux règles du mouvement prônant les aliments crus, nous avons inclus un certain nombre de recettes où l'on se sert de la déshydratation ou d'autres méthodes de séchage des aliments visant à en préserver les précieuses enzymes.

L'idée de manger des aliments crus n'est pas nouvelle. Avant la découverte des méthodes de cuisson modernes, c'est ce que faisaient nos ancêtres. Cette idée connaît aujourd'hui un regain de popularité du fait que de nombreux professionnels de l'alimentation et défenseurs de la santé soutiennent la pratique de conserver les enzymes des aliments entiers en les consommant crus ou soumis à de basses températures seulement. En effet, les adeptes des aliments crus croient que les enzymes vivantes contenues dans les aliments et nécessaires à une bonne digestion et à la catalyse de plusieurs des réactions métaboliques de l'organisme survivent à une température de 55 °C (110 °F). Ils prônent donc la consommation des aliments non cuits ou ne dépassant jamais cette température. L'idée qui sous-tend cette théorie est que les aliments contiennent naturellement les enzymes nécessaires à leur digestion et, si on les détruit par la cuisson, l'organisme doit les remplacer mais pas de manière aussi adéquate. Dans certains cas, comme ceux des noix, des graines et des légumineuses, le trempage des aliments crus en eau froide en amorce la germination et en rend ainsi les nutriments plus facilement assimilables par l'organisme.

Les tenants du mouvement prônant le « manger cru » ne font entrer dans leur diète que des aliments entiers, non traités et crus ou des produits peu transformés qui ont été déshydratés ou séchés à basse température, macérés ou marinés, traités au mélangeur, fermentés ou mis en « culture », séchés au soleil, réduits en jus, trempés ou mis à germer. Certains tenants de l'alimentation crue permettent et encouragent même un léger blanchiment – en les plongeant de 1 à 3 minutes dans l'eau bouillante – des légumes difficiles à digérer comme les crucifères ou les germes de haricots ou de céréales pour en rendre les nutriments plus facilement assimilables par l'organisme du simple fait qu'ils sont plus digestibles quand ils ont été soumis à une douce chaleur. Tout cela reste bien sûr une question de goût et de choix personnels.

Les nutriments contenus dans les aliments sont sensibles à la chaleur, à la lumière et au temps, ce qui signifie qu'en plus de réduire la perte des nutriments et des enzymes lors de la cuisson, il faut prendre soin de

manger des aliments le plus frais possible. Idéalement, cela signifie qu'il faut soi-même cultiver ses aliments ou, plus réalistement, choisir des produits régionaux au plus fort de leur saison, c'est-à-dire au moment où ils sont les meilleurs et les moins chers. Tous ne s'entendent pas sur l'utilisation d'un congélateur, mais certaines personnes congèlent des aliments pour en faire des réserves durant les périodes d'abondance.

La gamme des aliments crus comprend divers fruits et légumes frais, les noix et les graines, les germes de haricots, de graines ou de céréales, les légumineuses, certains vins et alcools, les fruits séchés, les algues, les fleurs comestibles (et des eaux de fleurs), les herbes et les épices, certains édulcorants, les huiles et certains types de vinaigre. Techniquement on peut aussi y ajouter tout aliment qui a été mariné, fermenté, mis en saumure,

germé ou légèrement séché au déshydrateur, dans un four doux ou au soleil. À partir de ce point, la ligne de démarcation entre les aliments crus et les aliments cuits s'estompe. Même s'ils ne sont pas considérés comme strictement crus, des produits comme le miel cru (chauffé à 55 °C (110 °F) lors de son traitement), l'agar-agar (séché à froid), le vinaigre vieilli, le cacao et le chocolat de qualité sont également utilisés par certains.

On peut aussi considérer comme crus des produits comme le lait, le fromage et certains autres produits laitiers ; les viandes salées ou séchées à l'air comme le prosciutto ou le salami ; les poissons salés ou « cuits » dans le vinaigre ou le jus de citron ; œufs crus (comme les jaunes d'œufs utilisés dans les mayonnaises). Mais pour beaucoup de personnes, qui sont aussi végétaliennes, il ne saurait être question de consommer des produits animaux comme les viandes, les poissons et les volailles ou même des sous-produits animaux comme les produits laitiers, les œufs et le miel. D'autres adeptes des aliments crus font parfois entrer de petites quantités de produits animaux dans leur diète, mais à condition qu'ils soient crus eux aussi.

Une fois qu'on songe à manger uniquement des aliments crus, il devient essentiel de prendre en considération la manière biologique ou non dont les aliments sont produits. Plus sensibilisés aux problèmes environnementaux engendrés par l'utilisation des produits chimiques dans la production des aliments, les tenants du « manger cru » préfèrent le plus souvent les aliments biologiques. S'il n'a pas encore été établi clairement que les produits biologiques ont une meilleure qualité nutritive que les autres, en revanche on sait très bien que lorsqu'on en consomme, on évite de s'empoisonner avec des engrais, fongicides, herbicides et pesticides chimiques et qu'on évite aussi les produits transgéniques ou génétiquement modifiés. L'assurance que la terre et les autres ressources (comme l'eau et les sols fertiles) sont gérées dans une perspective de développement durable plaide en faveur de l'utilisation des produits biologiques.

Certaines personnes qui se mettent à une diète crue se rendent compte qu'elles sont plus énergiques tout en mangeant moins, tandis que d'autres se débarrassent rapidement d'un problème de poids ou de problèmes de santé mineurs. Si vous décidez de suivre une diète crue, peut-être vous rendrez-vous bientôt compte que votre peau est plus lumineuse et votre humeur plus calme. Cependant, la vraie manière de mesurer l'impact d'un changement de régime alimentaire réside dans les effets de celui-ci sur votre santé et la facilité avec laquelle vous vous y adaptez. Pour bien de gens, la conversion à un régime végétalien ou végétarien constitue un choix soudain et définitif, mais d'autres devront traverser une période d'adaptation (pouvant durer jusqu'à dix ans) de leur organisme à ce nouveau régime. Dans tous les cas, il est malavisé de forcer son organisme à s'adapter à une diète pour laquelle il n'est pas prêt. Peut-être consommez-vous actuellement des produits végétaux et animaux crus aussi bien que cuits. Dans ce cas, de manière à vous adapter progressivement à votre nouveau régime, commencez par suivre d'abord une diète végétarienne comprenant certains aliments cuits. Peut-être déciderez-vous plutôt de continuer à manger des produits animaux mais seulement crus. Avec le temps, peut-être en viendrez-vous à vous passer complètement des produits animaux, ou encore trouverez-vous toujours bénéfique pour vous d'en consommer. Les gens qui veulent réduire leur consommation de produits animaux pourront plus facilement le faire en consommant des produits situés de plus en plus bas dans la chaîne alimentaire, en passant des viandes rouges aux volailles, puis de celles-ci aux poissons et enfin, uniquement aux sous-produits animaux. Si vous êtes déjà végétalien et décidez de suivre une diète crue, peut-être trouverez-vous impossible de vous passer de pain. Pour faciliter la transition, commencez par manger du pain au levain naturel, du pain de seigle ou au blé germé. La chose à retenir est qu'un changement véritable et durable exige du temps, un temps qu'il faut prendre en restant sans cesse à l'écoute des besoins de son organisme.

Ce livre contient toute une gamme de recettes conçues aussi bien pour les gens qui cherchent de nouvelles manières de préparer des légumes succulents et des salades savoureuses que pour les adeptes purs et durs des aliments crus. Ces recettes ne contiennent ni viande, ni volaille, ni poisson, ni œufs, ni produits laitiers. On fait usage, dans certaines, de miel cru (soumis à une certaine chaleur malgré son nom), un produit facilement remplaçable par un autre édulcorant. À la fin de certaines recettes se trouvent des variantes pour ceux qui choisissent de continuer à manger des sous-produits animaux (en remplaçant par exemple une mayonnaise à base d'huile de noix par une mayonnaise à base de jaunes d'œufs). Ceux qui sont en train de passer d'une diète riche en aliments carnés cuits à une diète végétarienne ou végétalienne crue pourront se servir des recettes de ce livre en ajoutant de petites quantités de produits ou sous-produits animaux de manière à équilibrer leur menu. Dans certaines recettes, on suggère de blanchir ou de cuire légèrement à la vapeur certains légumes ; des variantes à ces modes de préparation se trouvent à la fin des recettes. En bref, ce livre présente des recettes de plats simples, nutritifs et faciles à préparer, tous à base d'aliments crus frais, délicieux et faciles à trouver.

Une fois prise la décision de s'alimenter d'une façon saine, il faut d'abord commencer par trouver des produits

naturelles pour en enlever les saletés, puis faites tremper les aliments dans un évier rempli d'eau froide à laquelle vous aurez ajouté 60 ml (¼ de tasse) de vinaigre de cidre (on peut aussi se servir d'un détergent à légumes vendu dans un magasin d'aliments naturels). Vous vous débarrasserez ainsi de tout parasite ou micro-organisme indésirable. Si vous vous servez de produits non biologiques, servez-vous de peroxyde d'hydrogène à usage alimentaire (aussi vendu dans les magasins d'aliments naturels) pour les débarrasser de tout produit chimique nocif. Égouttez ensuite les aliments, asséchez-les bien, puis entreposez-les de manière à en conserver le maximum de fraîcheur.

Mettez les légumes et les fruits dans des sacs de plastique – et les herbes dans un verre d'eau – et conservez-les au réfrigérateur. Si vous le pouvez, achetez seulement les produits dont vous prévoyez vous servir dans les deux ou trois jours à venir. Au moment d'utiliser les légumes et les fruits, rappelez-vous que les pesticides et autres produits chimiques ont tendance à se concentrer dans leurs peaux, de sorte qu'il sera peut-être préférable de peler les produits non biologiques (comme les pommes) qui sont autrement parfaitement comestibles. Malheureusement, en les pelant, tout en éliminant la couche de cire indésirable couvrant certains produits, vous vous trouverez à perdre les vitamines et les sels minéraux situés juste sous leur peau.

Vous trouverez dans les pages qui suivent une foule de saveurs, d'arômes et de textures dont vous vous régalerez. Pas besoin de vous mettre à la recherche de produits rares, pas besoin de dépenser inutilement de l'argent à l'achat de matériel sophistiqué. Tout ce qu'il vous faudra pour réussir, c'est quelques connaissances culinaires de base, un appétit solide et la passion pour une alimentation à la fois saine et savoureuse.

frais de la meilleure qualité possible. La plupart des ingrédients utilisés ici se trouvent facilement. Ce n'est là qu'un commencement. Il vous faudra aussi choisir des magasins qui offrent les meilleurs produits possible. Vous pourrez aussi vous approvisionner dans un magasin d'aliments naturels (et biologiques), une épicerie asiatique, une ferme, un marché public ou une coopérative alimentaire situés près de chez vous. Vous pouvez aussi consulter Internet pour savoir où trouver les produits dont vous avez besoin dans la région où vous habitez. Laissez-vous guider par vos papilles gustatives et l'honnêteté des gens dont vous aimez les pratiques commerciales et la qualité des produits.

Une fois que vous aurez trouvé les aliments que vous désirez manger crus, ceux-ci devront être bien nettoyés. À cette fin, servez-vous d'une brosse de bois à soies

Ingrédients requis

Algues : Il n'y a rien comme les algues, par ailleurs riches en sels minéraux, pour donner du goût et de la texture, surtout aux plats d'inspiration asiatique. Parmi les algues comestibles, on retrouve les algues arame très fines, les feuilles de nori (pour les sushis) et les algues wakame. Elles sont vendues le plus souvent séchées et on doit les reconstituer en les faisant tremper dans l'eau froide avant de s'en servir dans les salades ou les vinaigrettes. Dans le cas des algues nori, il suffit de les briser en morceaux avant de les utiliser dans les sushis. Il faut utiliser les variétés tendres de préférence aux plus coriaces.

Champignons : Il existe une grande variété de champignons comestibles. Le plus souvent, il suffit de les essuyer avec un linge sec pour les nettoyer. Toutefois, il est toujours préférable de les passer à la vapeur, de les sécher ou de les mariner de manière à neutraliser les toxines qui pourraient s'y trouver. On peut se servir de jus de citron ou de vinaigre pour les faire mariner.

Eau : Qu'elle soit certifiée biologique, purifiée ou filtrée, il faut toujours, dans la préparation des aliments crus (soupes, laits de noix, etc.) ou comme eau à boire, se servir d'une eau pure. On pourra alors remplacer le fluorure de sodium de l'eau du robinet (favorable à la santé dentaire) par des aliments riches en fluor naturel comme les algues, le chou, le persil, l'avocat et les haricots à œil noir.

Eaux de fleurs : Les eaux de rose et de fleur d'oranger sont très utilisées en cuisine moyen-orientale et indienne. Elles relèvent très bien le goût des desserts à base de fruits et leur goût se marie particulièrement bien à celui des pistaches ou des amandes.

Édulcorants : Le sucre blanc est un produit très raffiné, donc à proscrire dans la cuisine crue. On peut le remplacer par du jus de canne évaporé (à ne pas confondre avec le sucre de canne), un produit déshydraté et réduit en granules. Le sucre de dattes est fabriqué à partir de dattes séchées moulues. S'il se dissout mal, il peut toutefois être utilisé dans les céréales du matin et les plats à base de fruits. Le sirop d'érable est moins chauffé que le sucre blanc et contient beaucoup de nutriments. De même, la mélasse n'est pas un produit entièrement cru mais est riche en sels minéraux. Le stevia ne contient pas de sucre mais son pouvoir édulcorant est cent fois supérieur à celui du sucre blanc. On en trouve dans certains magasins d'aliments naturels.

Feuilles à salades : Il existe une incroyable variété de feuilles utilisables dans les salades, qu'il s'agisse de celles de la laitue, de l'endive, du radicchio, de l'oseille ou de plantes plus amères comme le pissenlit et le cresson. Même si elles contiennent beaucoup d'eau, elles sont assez riches en divers nutriments, particulièrement les feuilles d'un vert foncé.

Fleurs comestibles: L'utilisation des fleurs fraîches dans certains plats varie d'une culture à l'autre. Les roses sont probablement les fleurs les plus utilisées, mais on se sert aussi souvent de celles de la capucine, de la calendula, de la violette, de la ciboulette, du romarin, de l'aneth et du basilic qui sont toutes très colorées et savoureuses. Utilisées avec discrétion, elles décorent instantanément une simple salade ou un plat de légumes. On peut aussi s'en servir pour parfumer une boisson ou un vinaigre. Le safran et les clous de girofle sont aussi des produits d'origine florale. Comme les insecticides ont tendance à se concentrer dans les fleurs, il vaut mieux n'utiliser que celles dont l'origine est certaine.

Fruits séchés: À moins d'avoir été traités mécaniquement, les fruits séchés à l'air ou au soleil (raisins, pruneaux, figues, dattes, pommes, etc.) sont crus. On doit s'assurer qu'ils n'ont pas été traités au bioxyde de soufre.

Germes: Les germes frais sont très nutritifs et augmentent la diversité des plats des adeptes de la cuisine crue. Les graines (luzerne), les légumineuses (pois chiches, haricots mung et adzuki, lentilles) et les graminées (grains de blé) sont toutes faciles à faire germer en 3 ou 4 jours. Les plus faciles et rapides à faire germer sont les graines. Pour le mode de germination, consulter la page 21. On peut aussi acheter des germes déjà préparés à l'épicerie ou dans un magasin d'aliments naturels.

Graminées: On peut faire germer non seulement le blé mais aussi le sarrasin, l'orge ou même le riz sauvage de manière à obtenir un produit riche en chlorophylle et autres nutriments précieux pour l'organisme.

Haricots et autres légumineuses: Les haricots, les pois chiches et les lentilles sont, dans les pays chauds, des aliments de base faciles à faire sécher au soleil. On peut les faire germer, ce qui les rend plus digestibles (voir page 21). Voir aussi Germes, ci-dessus.

Herbes et épices: Il faut toujours utiliser des herbes fraîches avec les aliments crus d'autant plus que certaines comme le persil, le basilic, la menthe et le cerfeuil perdent presque tout leur arôme en séchant. Le romarin et le thym résistent mieux au séchage mais sont meilleurs frais. Le séchage ne modifie pas la saveur des épices; souvent, même, il l'accroît. Il faut toujours utiliser les épices les plus fraîches possible.

Huiles: Il y a plusieurs manières d'extraire l'huile des graines et des fruits: par pressage à froid, par expulsion où à l'aide de solvants. Les huiles pressées à froid – d'olive, de graines de lin, de pépins de raisin, de graines de sésame crues, de noix – sont les plus recommandées, mais on doit s'assurer que celles-ci n'ont pas été chauffées, blanchies ou raffinées de toute manière pouvant en compromettre la valeur nutritive. Il faut acheter les huiles embouteillées dans des contenants de couleur foncée et conservées dans le réfrigérateur de votre magasin d'aliments naturels. L'huile d'olive extravierge est toujours la plus indiquée.

Miel: La saveur et les nutriments du miel sont facilement détruits par la cuisson. Ainsi, le miel cru, le seul à être chauffé à un niveau acceptable durant sa préparation, est le seul à pouvoir être utilisé dans un régime cru (les autres miels sont pasteurisés). Le miel contient des sucres, des enzymes, des protéines, des vitamines et des sels minéraux en quantités variables selon la variété des fleurs utilisées par les abeilles pour le faire. Il faut proscrire le miel dans la diète d'un enfant de moins d'un an, car le miel contient des bactéries pouvant provoquer le botulisme infantile.

Miso : Le miso est une pâte préparée à partir de haricots de soja ou de grains d'orge ou de riz fermentés. Le miso de couleur claire a fermenté moins longtemps et est donc plus doux au goût. Le miso de couleur foncée, à goût de malt, a fermenté jusqu'à trois ans et son goût est beaucoup plus prononcé. On se sert du miso de la même manière que la sauce soja pour donner plus de goût aux vinaigrettes, aux soupes et aux marinades. Même si les produits employés pour le faire ont été cuits avant d'être réduits en purée, salés et mis à fermenter, on considère le miso comme un aliment « vivant ».

Moutarde : À l'origine, les moutardes étaient fabriquées à partir de verjus et des graines piquantes de moutarde broyées. On les fait aujourd'hui avec du vinaigre, des graines de moutarde et diverses épices. Il en existe une grande variété, crues ou cuites, à texture lisse ou granuleuse (Meaux). La moutarde de Dijon est fabriquée à partir de graines noires et brunes tandis que celle, plus douce, de style américain, l'est à partir de graines blanches. Les feuilles de moutarde sont excellentes en salade.

Noix : Riches en protéines et en énergie, les diverses variétés de noix peuvent être utilisées de mille et une façons. Au début d'une diète crue, on peut avoir tendance à consommer trop de noix. Il faut faire attention à ne pas en abuser, de manière à ne pas masquer les saveurs des autres ingrédients. Les noix en écales ou entières (non mondées) sont plus fraîches que celles préparées d'avance à moins de les acheter, toujours en petites quantités, chez un marchand dont c'est la spécialité. Cela s'applique particulièrement aux noix de Grenoble qui deviennent rances en vieillissant. Plutôt que d'acheter des amandes blanchies (à l'eau bouillante), on peut faire tremper des amandes entières une nuit dans l'eau froide puis les monder avant de s'en servir. Comme cette opération initie le processus de germination des amandes (comme des autres noix), cela permet une meilleure assimilation de leurs nutriments par l'organisme. Il faut toujours s'assurer que les noix achetées sont crues.

Noix de coco : Dans le Sud-Est asiatique et les îles du Pacifique, les cocotiers fournissent aux habitants des aliments, des matériaux de construction, du bois de chauffage, des ustensiles de cuisine, des cordes et des tapis. Les noix de coco vertes regorgent d'eau de coco rafraîchissante et nutritive et leur pulpe gélatineuse est riche en protéines. Les noix mûres sont riches en lait et en crème. Ces deux produits sont faciles à préparer et peuvent être congelés dans des bacs à cubes de glace puis être utilisés dans les desserts et certaines vinaigrettes.

Poivre : On obtient le poivre noir en faisant sécher les graines vertes de *Piper nigrum* au soleil jusqu'à ce qu'elles noircissent et se ratatinent, un processus qui en renforce la saveur. On peut, dans certaines préparations (une soupe au chou-fleur par exemple), le remplacer par du poivre blanc. Ce dernier est obtenu par le trempage des grains de poivre vert dans l'eau puis le retrait des peaux avant le séchage au soleil. Blanc ou noir, il est toujours préférable, pour en retirer le maximum de saveur et de piquant, de se servir de poivre frais moulu.

Sauce soja : La sauce soja véritable (et non la contrefaçon caramélisée généralement vendue sous son nom) est fabriquée à partir de haricots de soja ou d'autres graines fermentés. Certaine sauces soja sont fabriquées à partir de grains de blé rôtis et ne sont pas crues au sens strict. La sauce tamari japonaise ne contient pas de blé et la sauce nama shoyu qui n'est pas pasteurisée est la seule véritablement crue.

Sel marin séché au soleil : Il existe trois types principaux de sel : le sel de table, le sel gemme et le sel marin. Beaucoup de sels sont traités chimiquement ou à des températures si élevées qu'ils perdent tous leurs minéraux. En cuisine crue, il faut donc toujours utiliser du sel marin ou, mieux encore, du sel marin séché au soleil riche en sels minéraux et très goûteux.

Sésame et tahini : Qu'elles soient entières ou en pâte (tahini), les graines de sésame sont riches en calcium. En cuisine crue, il faut toujours utiliser des graines et du tahini crus. L'huile de graines de sésame foncée est fabriquée à partir de graines de sésame rôties et n'est donc pas crue.

Vins et autres alcools : Pour le plus grand bonheur de certains, le vin est un aliment cru obtenu par fermentation de raisins broyés selon les coutumes et pratiques locales des fabricants. Toutefois, les végétaliens purs et durs voudront s'assurer que le vin n'a pas été clarifié avec du blanc d'œuf. Les vins de liqueur contiennent plus d'alcool ; les apéritifs et les digestifs, à base de vin ou de liqueur, sont aromatisés avec des herbes et des épices secrètes. Utilisé en petite quantité, un vin ou un alcool (Grand Marnier, Cointreau, etc.) peut agréablement relever un dessert.

Vinaigre : Il existe une grande gamme de vinaigres aromatisés utilisés pour relever divers plats crus. En fait, il y en a une telle variété qu'il vaut la peine d'en expérimenter plusieurs avant de choisir ceux qu'on préfère. On choisira, dans les plats d'inspiration asiatique, le vinaigre de riz chinois ou japonais ; dans ceux d'inspiration méditerranéenne, le vinaigre balsamique, le cidre de pomme, de vin rouge ou blanc, de sherry, de framboise, etc. Dans le cas des vinaigres de vin, il faut toujours rechercher ceux fabriqués avec des raisins de bonne qualité. On pourra aussi se servir de l'excellent vinaigre de prunes umeboshi au goût à la fois amer et piquant. Compte tenu de leur acidité, il faut toujours utiliser les vinaigres avec discrétion.

Matériel requis

Balance de cuisine : La cuisson des aliments crus n'est pas aussi précise que celle des pâtisseries, mais une balance vous permettra de mieux contrôler votre consommation de noix riches en énergie en les mesurant au poids plutôt qu'au volume.

Brosse à légumes : Pour obtenir les meilleurs résultats dans le nettoyage préliminaire des fruits et des légumes, il faut utiliser une brosse de bois à soies naturelles. Une fois qu'on s'en est servi, il suffit de la rincer à l'eau froide puis de la laisser sécher jusqu'à la prochaine utilisation.

Couteaux : Autant pour travailler vite et bien que pour donner des formes variées et agréables à l'œil aux légumes et aux fruits, un couteau à légumes de première qualité, et ajusté à votre main, est, en cuisine crue, un ustensile essentiel. Deux autres incontournables : un couteau à peler et un couteau à dents de scie.

Déshydrateur : Cet appareil est en quelque sorte un four à basse température équipé de plateaux troués ; comme son nom l'indique, il sert à sécher les aliments. Certains modèles sont pourvus d'un thermostat et d'un ventilateur qui permettent un meilleur contrôle du séchage. Comme il s'agit d'un appareil assez cher, on peut d'abord essayer de sécher les aliments dans le four de sa cuisinière (sur la grille du bas du four, à un maximum de 55 °C/110 °F, selon l'indication de votre thermomètre).

Mélangeurs : Les trois principaux types de mélangeurs sont le mélangeur régulier, le mélangeur à haute vitesse et le mélangeur manuel (à immersion). Le mélangeur à haute vitesse broie les noix dures et les légumes crus pour donner une texture parfaitement lisse aux vinaigrettes à base de noix, aux laits et aux soupes crues. Un mélangeur ordinaire ne donnera pas les mêmes résultats, ce qui signifie qu'il faudra peut-être filtrer le mélange, d'où une perte de nutriments. Il faut s'assurer que les lames de l'appareil sont toujours bien aiguisées ; les remplacer au besoin. Le mélangeur manuel est un appareil bon marché et très utile pour mélanger les vinaigrettes ou des soupes (comme le gaspacho) dont la texture n'a pas besoin d'être parfaitement lisse.

Mousseline : Que ce soit pour filtrer les laits de noix ou de graines ou pour couvrir les pots où l'on fait germer des graines ou des légumineuses, la mousseline est très utile. Celle-ci peut être réutilisée après lavage.

Planches à découper : Les meilleures planches à découper sont en bois non fini. Elles sont moins dommageables pour les couteaux que celles en plastique. De manière à éviter de communiquer un goût d'ail, d'oignon ou de piment aux aliments plus doux (les fruits, par exemple), il vaut toujours mieux se servir de deux planches séparées.

Presse-agrumes : Pour presser des citrons dans une vinaigrette, une fraise de bois suffit. Pour préparer des

quantités plus grandes de jus, il vaut mieux se servir d'un presse-agrumes électrique. Pour en faire de plus grandes encore (ou d'autres types de jus), on doit se servir d'une centrifugeuse.

Robot culinaire : Cet appareil est essentiel pour broyer les noix, concasser les bananes congelées et préparer les pâtes (pesto) jusqu'à l'obtention de la consistance désirée. Un accessoire mobile permet d'émincer rapidement les choux (pour faire de la choucroute), un autre permet de râper facilement les carottes.

Thermomètre de four : Cet ustensile peu coûteux vous permet de vous assurer que les températures de votre four sont exactes et ne dépassent jamais celles nécessaires au séchage des aliments (maximum de

55 °C/110 °F). On peut aussi, à l'aide du thermomètre, déterminer l'endroit du four le plus indiqué pour le séchage des aliments crus.

Tranchoir à légumes japonais ou mandoline : Il s'agit de l'instrument idéal pour couper les fruits et les légumes en tranches très fines ou en julienne en leur donnant une belle apparence et en les rendant plus digestibles. Il faut toujours se servir de la garde de sécurité pour éviter de se blesser lors de son utilisation.

La germination étape par étape

1. Couvrir d'eau froide les haricots, les graines ou les légumineuses et les laisser reposer toute la nuit à la température ambiante.

2. Le lendemain, rincer et bien égoutter, puis mettre dans un pot à grande ouverture. Couvrir le pot de mousseline et le placer sur le côté.

3. On peut aussi placer les haricots, les graines ou les légumineuses rincés dans une assiette ou un plat tapissés de papier essuie-tout mouillé et mettre le tout dans un sac de plastique.

4. Laisser à la température ambiante durant 3 jours en rinçant les germes matin et soir.

5. Une fois prêts, les germes de haricots, de graines ou de légumineuses auront jusqu'à 2,5 cm (1 po) de haut.

6. Les germes peuvent se conserver au réfrigérateur jusqu'à 3 jours.

Petits-déjeuners

MUESLI AUX FRAISES ET AUX NOISETTES

60 g (¹/₂ tasse) d'amandes entières trempées une nuit dans l'eau froide puis mondées

375 ml (1 ¹/₂ tasse) d'eau tiède

Une pincée de sel marin

60 g (¹/₂ tasse) de flocons d'avoine

15 ml (1 c. à soupe) de graines de lin

2,5 ml (¹/₂ c. à thé) de zeste d'orange finement râpé (facultatif)

15 ml (1 c. à soupe) de miel cru (et plus pour servir)

125 g (1 tasse) de fraises équeutées et coupées en quartiers

45 g (¹/₄ de tasse) de noisettes grossièrement hachées

Pour faire le lait d'amandes, broyer celles-ci au mélangeur avec l'eau tiède et le sel et mélanger jusqu'à consistance lisse. Incorporer au lait non filtré l'avoine, les graines de lin, le zeste et le miel ; couvrir et réfrigérer toute la nuit. Le lendemain, bien mélanger le tout et servir avec les fraises, les noisettes et un peu de miel.

Donne 2 portions

Note : On peut se procurer des amandes déjà blanchies, mais comme celles-ci l'ont été à l'eau bouillante, elles ne sont pas complètement crues. En les faisant tremper dans l'eau froide, non seulement on en amollit les peaux, mais on en amorce la germination, ce qui les rend plus digestibles.

Variante : On peut, si on manque de temps, remplacer les amandes par des graines de citrouille.

COMPOTE DE FRUITS SÉCHÉS ET « YOGOURT » D'AVOINE

125 g (4 oz) de figues séchées émincées

125 g (4 oz) d'abricots ou de pêches séchés émincés

125 g (4 oz) de dattes dénoyautées coupées en deux sur le long

125 g (4 oz) de raisins secs (au choix ou en mélange)

2 lanières d'une largeur de 1 cm ($^1/_2$ po) de zeste de citron

2 lanières d'une largeur de 1 cm ($^1/_2$ po) de zeste d'orange

1 bâton de cannelle ou 5 ml (1 c. à thé) de cannelle moulue

1 gousse de vanille, sans les graines

30 ml (2 c. à soupe) de jus de citron

15 ml (1 c. à soupe) de miel cru

375 ml (1 $^1/_2$ tasse) d'eau

125 g (1 tasse) de flocons d'avoine

2,5 ml ($^1/_2$ c. à thé) de sauce soja non pasteurisée (nama shoyu) (ou jus de citron)

30 g ($^1/_4$ de tasse) d'amandes entières grossièrement hachées

Donne de 4 à 6 portions

Mélanger les fruits séchés, les zestes, la cannelle, la gousse de vanille, le jus de citron, le miel et 125 ml ($^1/_2$ tasse) d'eau. Couvrir et laisser reposer dans un endroit frais (autre que le réfrigérateur) toute la nuit. Pour préparer le yogourt, mélanger le reste de l'eau, l'avoine et la sauce soja jusqu'à consistance lisse. Verser le mélange dans un bol de verre, le couvrir de mousseline et laisser fermenter durant 10 heures dans un endroit tiède jusqu'à ce qu'il ait le degré d'acidité désiré. Au bout de ce temps, couvrir le yogourt et le réfrigérer. Servir la compote et le yogourt garnis d'amandes.

Note : On peut préparer le yogourt à partir d'amandes ou de graines de tournesol (voir page 107). Pour accélérer la fermentation, on peut ajouter quelques cuillères à thé de yogourt précédemment préparé. Celui-ci se conserve bien au réfrigérateur quelques jours.

GRANOLA AUX FRUITS ET AUX NOIX AU LAIT DE GRAINES DE CITROUILLE

125 g (1 tasse) de flocons d'avoine

30 ml (2 c. à soupe) de graines de tournesol

30 ml (2 c. à soupe) de graines de lin

125 g (³⁄₄ de tasse) de graines de citrouille

80 g (¹⁄₂ tasse) de noix mélangées grossièrement hachées

30 ml (2 c. à soupe) de raisins secs (muscat)

90 g (¹⁄₂ tasse) d'abricots séchés émincés

30 ml (2 c. à soupe) de miel cru ou de mélasse

10 ml (2 c. à thé) d'huile végétale neutre pressée à froid (huile de graines de lin par exemple)

250 ml (1 tasse) d'eau tiède

Une pincée de sel marin

Mélanger l'avoine, les graines de tournesol et de lin, 45 g (¹⁄₄ de tasse) de graines de citrouille, les noix, les raisins et les abricots. Incorporer le miel et l'huile au mélange jusqu'à ce que les ingrédients soient bien enrobés. Étendre le mélange sur un plateau du déshydrateur ou une plaque à pâtisserie antiadhésive. Faire sécher au déshydrateur ou au four à 55 °C (110 °F), durant 6 à 12 heures. Pendant ce temps, couvrir le reste des graines de citrouille d'eau froide et les faire tremper. Une fois que le granola est bien sec et croquant, le laisser refroidir à la température ambiante. Conserver le mélange dans un contenant hermétique.

Au moment de servir, égoutter les graines de citrouille, les mélanger à l'eau tiède et au sel dans le mélangeur jusqu'à consistance lisse. Égoutter le mélange ou le servir tel quel sur le granola.

Donne de 2 à 4 portions

Note : On peut multiplier les quantités indiquées dans les recettes de manière à avoir du granola pour un mois.

Variante : On peut remplacer le lait de graines de citrouille par du lait d'amandes (voir page 27), ou encore servir le granola avec ou sans yogourt d'avoine ou de graines de tournesol (voir page 24). On peut également utiliser d'autres variétés de graines, de noix ou de fruits séchés.

SALADE AUX TROIS MELONS ET À LA MENTHE

125 g (1 tasse) de boules de melon miel

125 g (1 tasse) de boules de cantaloup

125 g (1 tasse) de boules de melon d'eau

15 ml (1 c. à soupe) de miel cru

5 ml (1 c. à thé) de gingembre finement râpé

10 ml (2 c. à thé) de menthe finement hachée

60 g (½ tasse) de framboises

60 g (½ tasse) de raisins noirs sans pépins, coupés en deux sur le long

Mélanger les boules de melon, le miel et le gingembre et laisser reposer 20 minutes. Incorporer le reste des ingrédients et servir dans des bols ou des verres froids.

Donne 4 portions

Variante : Pour transformer cette recette en un délicieux dessert, en omettre le miel et le gingembre et arroser les boules de melon de vin doux, puis les servir avec de la menthe fraîche dans des verres givrés.

MUESLI AU MIEL ET AU LAIT D'AMANDES

90 g (¾ de tasse) de flocons d'avoine

30 ml (2 c. à soupe) de son d'avoine

15 ml (1 c. à soupe) de graines de lin

7,5 ml (½ c. à soupe) de graines de sésame entières

15 ml (1 c. à soupe) de graines de citrouille

15 ml (1 c. à soupe) de graines de tournesol

45 ml (3 c. à soupe) de noix mélangées grossièrement hachées

30 ml (2 c. à soupe) d'abricots ou de pêches séchés hachés

30 ml (2 c. à soupe) de pommes ou de poires séchées hachées

30 ml (2 c. à soupe) de raisins secs mélangés

60 g (½ tasse) d'amandes entières trempées dans l'eau froide durant une nuit puis mondées

500 ml (2 tasses) d'eau tiède

Une pincée de sel

30 ml (2 c. à soupe) de miel cru, de sirop d'érable ou de mélasse (facultatif)

Muesli : Mélanger les flocons et le son d'avoine, les graines, les noix et les fruits et conserver dans un contenant hermétique (durant 1 mois environ).

Lait d'amandes : Mélangez les amandes, l'eau tiède et le sel au mélangeur jusqu'à consistance lisse. Servir le lait tel quel ou filtré sur le muesli avec un peu d'édulcorant (au goût).

Donne 2 ou 3 portions

Variante : On peut incorporer d'autres variétés de fruits frais ou séchés, de noix ou de graines dans le muesli.

Hors-d'œuvre et casse-croûte

ASPERGES AU SOJA ET AU SÉSAME

30 ml (2 c. à soupe) de sauce soja non pasteurisée
 (nama shoyu)

1 gousse d'ail broyée

½ petit piment fort épépiné et finement haché

30 ml (2 c. à soupe) d'huile de sésame pressée à froid

Poivre noir frais moulu

500 g (1 lb) de longues asperges parées

90 g (environ 1 botte) de ciboulette chinoise

15 ml (1 c. à soupe) de graines de sésame entières

1 lime coupée en 4 quartiers

Mélanger la sauce soja, l'ail, le piment et l'huile de sésame et les poivrer au goût. Amener une casserole d'eau à ébullition, la retirer du feu et y plonger les asperges durant 2 minutes (ou faire cuire celles-ci à la vapeur 2 minutes). Blanchir la ciboulette chinoise durant 20 secondes avec les asperges puis égoutter le tout. Enduire les asperges et la ciboulette de vinaigrette puis ajouter les graines de sésame. Disposer sur un plat de service et servir avec les quartiers de lime.

Donne 4 portions

Note : On peut aussi tout simplement émincer les asperges crues en biseau avant de les enduire de vinaigrette. Il faut alors réduire la ciboulette chinoise de moitié et la couper en morceaux de 2,5 cm (1 po) de long.

FEUILLES D'ENDIVE FARCIES À LA GREMOLATA

Gremolata :

Le zeste râpé de 2 citrons

2 gousses d'ail broyées

20 g (²/₃ de tasse) de persil grossièrement haché

Sel marin

Poivre noir frais moulu

60 ml (¼ de tasse) d'huile d'olive extravierge

Salade :

16 grosses feuilles d'endive

60 g (2 oz) de pois germés

1 concombre anglais pelé et coupé sur le long en
    48 lanières de taille égale

1 poivron rouge moyen épépiné et coupé sur le long
    en 24 lanières de taille égale

1 poivron jaune moyen épépiné et coupé sur le long
    en 24 lanières de taille égale

Gremolata : Mélanger le zeste de citron, l'ail et le persil dans un bol ; saler et poivrer au goût. Incorporer l'huile d'olive.

Disposer les feuilles d'endive dans une grande assiette de service puis les farcir de quelques pois germés, de 3 lanières de concombre et de 3 lanières de poivron (en alternant les couleurs de feuille en feuille). Garnir la base de chaque feuille de gremolata. Servir aussitôt comme hors-d'œuvre avec un apéritif.

Donne 16 portions

Variante : Pour rendre ce plat plus énergétique, y ajouter des lanières d'avocat bien mûr. Si on ne sert pas le plat tout de suite, enduire les lanières d'avocat de jus de citron pour les empêcher de noircir.

BROCOLI ET SAUCE À TREMPETTE AUX OLIVES VERTES ET À L'AVOCAT

2 gros avocats bien mûrs pelés et dénoyautés

90 g (½ tasse) d'olives vertes dénoyautées

2 gousses d'ail

1 piment rouge épépiné et finement haché

30 ml (2 c. à soupe) de jus de lime ou de citron

45 ml (3 c. à soupe) d'huile d'olive extravierge
   (plus 5 ml/1 c. à thé pour la vinaigrette)

Sel marin

Poivre noir frais moulu

60 à 125 ml (¼ à ½ tasse) d'eau

440 g (14 oz) de brocoli ou brocolini (rapini)

Mélanger l'avocat, les olives, l'ail, le piment et le jus de lime au mélangeur jusqu'à consistance lisse. Incorporer l'huile d'olive au mélange en plusieurs fois et assaisonner au goût. Pour obtenir la consistance désirée, ajouter un peu d'eau au besoin. Couvrir la sauce d'une feuille de plastique pour l'empêcher de noircir. Parer le brocoli et le couper en morceaux d'une bouchée. Amener une casserole d'eau à ébullition, la retirer du feu et y plonger le brocoli durant 2 minutes puis l'égoutter (ou le faire cuire à la vapeur 2 minutes). Napper le brocoli blanchi de 5 ml (1 c. à thé) d'huile d'olive, assaisonner au goût et servir avec la sauce à trempette.

Donne de 2 à 4 portions

Note : Certains adeptes de la cuisine crue croient qu'en faisant légèrement blanchir ou cuire à la vapeur les légumes difficiles à digérer, on les rend plus digestibles, ce qui permet à l'organisme de mieux en assimiler les nutriments. On peut remplacer le brocoli par des légumes qui se mangent plus facilement crus (chou-fleur, carotte, céleri, pois mange-tout et concombre).

Variante : Il ne faut pas manquer d'essayer le brocofleur, issu du croisement entre le brocoli et le chou-fleur.

RÉMOULADE DE CÉLERI-RAVE AU POIVRON ET AU CERFEUIL

60 g (½ tasse) de noix de pin ou de macadamia
  trempées durant 6 heures dans l'eau froide

30 ml (2 c. à soupe) de jus de citron

5 ml (1 c. à thé) de moutarde de Dijon

60 ml (¼ de tasse) d'huile d'olive extravierge

30 ml (2 c. à soupe) d'eau

1 gousse d'ail broyée

Sel marin

Poivre noir frais moulu

1 céleri-rave de 500 g (1 lb)

6 tiges de ciboulette chinoise ou ½ botte de
  ciboulette

Grosses feuilles d'endive ou de radicchio

1 petit poivron rouge épépiné et coupé en julienne

30 g (¼ de tasse) de cerfeuil haché

Égoutter les noix en jetant l'eau de trempage. Les broyer au mélangeur puis mélanger avec le jus de citron, la moutarde, l'huile d'olive, l'eau et l'ail jusqu'à consistance lisse. Saler et poivrer au goût. Parer le céleri-rave, l'émincer puis en couper les tranches en fine julienne. Enrober aussitôt de vinaigrette pour empêcher le céleri-rave de noircir. Incorporer la ciboulette chinoise à la julienne et répartir le mélange dans les feuilles d'endive ou de radicchio. Couvrir de julienne de poivron, garnir de cerfeuil et servir aussitôt.

Donne de 2 à 4 portions

Note : On peut, si on se sert d'œufs crus dans sa diète, remplacer la vinaigrette aux noix par 250 ml (1 tasse) de mayonnaise classique faite avec des jaunes d'œufs, de la moutarde, du jus de citron et de l'huile d'olive extravierge.

HARICOTS VERTS ET CONCOMBRE EN VINAIGRETTE AUX ARACHIDES ÉPICÉE

1 échalote finement hachée

7,5 ml (½ c. à soupe) de sirop d'érable

30 ml (2 c. à soupe) de vinaigre de riz

1 petit piment fort épépiné et émincé

15 ml (1 c. à soupe) de brins de coriandre hachés

500 g (1 lb) de longs haricots verts parés et coupés en morceaux de 5 cm (2 po) de long

90 g (⅓ de tasse) d'arachides hachées

1 concombre anglais (ou 3 libanais) pelé, épépiné et coupé en morceaux

Sel marin

Poivre noir frais moulu

7 g (¼ de tasse) de feuilles de coriandre hachées

Dans un grand bol, mélanger l'échalote, le sirop d'érable, le vinaigre de riz, le piment et les brins de coriandre et laisser reposer. Amener une casserole d'eau à ébullition, la retirer du feu puis y blanchir les haricots durant 3 minutes (ou les faire cuire à la vapeur durant 3 minutes). Bien égoutter les haricots et les incorporer au premier mélange. Ajouter les arachides et le concombre et bien mélanger. Saler et poivrer au goût et servir la salade garnie de coriandre.

Donne 4 portions

Note : Si l'on désire manger ses haricots crus, il faut alors en choisir de très jeunes et tendres, les émincer sur le long et les laisser mariner dans la vinaigrette durant 30 minutes ou plus pour les attendrir.

CARPACCIO DE FENOUIL AUX OLIVES VERTES

20 à 25 ml (1 ½ c. à soupe) de sherry ou de vinaigre
   de vin blanc
2 gousses d'ail broyées
2,5 ml (½ c. à thé) de graines de fenouil broyées
60 ml (¼ de tasse) d'huile d'olive extravierge
Sel marin
Poivre noir frais moulu
2 bulbes de fenouil moyens, feuilles attachées
45 g (¼ de tasse) d'olives vertes dénoyautées
   coupées en fines lanières

Dans un grand bol, mélanger le vinaigre, l'ail, les graines de
fenouil et l'huile d'olive. Saler et poivrer au goût. Couper
les feuilles de fenouil et en hacher finement une partie de
manière à obtenir 15 ml (1 c. à soupe). Émincer le fenouil
à l'aide d'un tranchoir à légumes japonais ou d'une
mandoline. Mélanger le fenouil à la vinaigrette, l'étendre
dans les assiettes et laisser reposer de 30 à 60 minutes.
Au moment de servir, garnir le fenouil d'olives et du fenouil
haché.

Donne 4 portions

Variante : On peut ajouter de 10 à 15 ml (½ à 1 c. à soupe)
de câpres hachées à la vinaigrette ou servir le fenouil avec
des tranches de pamplemousse rose. On peut servir de la
même manière les radis, les betteraves, les artichauts ou
les carottes.

CANTALOUP ET FIGUES AU PORTO

1 petit cantaloup mûr
125 ml (½ tasse) de bon porto (tawny)
4 figues noires mûres
Poivre noir frais moulu
15 ml (1 c. à soupe) d'huile d'olive extravierge

Couper le cantaloup en deux sur le long et l'épépiner.
Peler chaque moitié de melon puis les couper en
6 quartiers. Retourner les quartiers dans le porto et laisser
reposer 30 minutes à la température ambiante, en
retournant les quartiers à deux ou trois reprises. Disposer
3 quartiers de melon dans chaque assiette en réservant
le porto. Équeuter les figues, les couper en quartiers puis
les rouler dans le porto. Disposer les quartiers de figue sur
le melon et poivrer. Mélanger l'huile et le porto et en arroser
la salade. Servir aussitôt.

Donne 4 portions

Note : Si vous consommez de la viande, ce plat est excellent
servi avec du prosciutto crudo (traité au sel et séché à l'air)
coupé en tranches très fines. Les portos sont souvent
enrichis d'alcool et certains types (tels les jeunes « ruby »)
sont parfois pasteurisés, ce qui signifie qu'ils ont été
chauffés.

HARICOTS VERTS ET JAUNES À LA SAUCE AUX NOIX DE GRENOBLE

90 g (³⁄₄ de tasse) de noix de Grenoble fraîchement
  écalées

1 gousse d'ail

60 ml (¹⁄₄ de tasse) d'huile d'olive extravierge

15 ml (1 c. à soupe) d'huile de noix de Grenoble (et
  plus pour arroser)

15 ml (1 c. à soupe) de jus de citron

Sel marin

30 ml (2 c. à soupe) d'eau froide

200 g (7 oz) de haricots verts parés

200 g (7 oz) de haricots jaunes parés

Poivre noir frais moulu

15 g (¹⁄₂ tasse) de persil plat

4 petits quartiers de citrons, pour servir

Mettre dans le mélangeur 60 g (¹⁄₂ tasse) de noix de
Grenoble, l'ail, les huiles d'olive et de noix, le jus de citron,
une pincée de sel et l'eau froide. Mélanger jusqu'à
consistance lisse et réserver. Amener une petite casserole
d'eau à ébullition et la retirer du feu. Y jeter les haricots et
laisser blanchir durant 3 minutes. Égoutter les haricots et les
arroser d'un peu d'huile de noix. Saler et poivrer au goût.
Casser le reste des noix de Grenoble en morceaux et les
incorporer aux haricots avec le persil. Servir le tout dans des
assiettes chaudes avec la sauce aux noix et les quartiers de
citron. Arroser chaque assiette d'un peu d'huile de noix.

Donne 4 portions

Note : Au lieu de blanchir les haricots, on peut tout
simplement les émincer. Si on ne peut se procurer d'huile de
noix, on peut se servir d'huile d'olive extravierge. Il faut
s'assurer de la fraîcheur des noix.

OLIVES MARINÉES AUX HERBES ET AU CÉLERI

180 g (1 tasse) d'olives vertes géantes

180 g (1 tasse) d'olives kalamata

180 g (1 tasse) de petites olives vertes

180 g (1 tasse) d'olives niçoises ou noires (traitées à sec)

4 gousses d'ail

½ poivron rouge épépiné et émincé

2 branches entières très tendres de céleri grossièrement hachées

1 ou 2 petits piments forts épépinés et émincés

4 feuilles fraîches (ou 2 séchées) de laurier

2 tiges d'origan (ou marjolaine)

3 rameaux de thym

4 branches de persil

6 grains de poivre noir

Environ 500 ml (2 tasses) d'huile d'olive extravierge

Rincer à l'eau froide toutes les olives puis les assécher en les tapotant avec du papier essuie-tout. Mélanger les olives dans un grand bol. Presser chaque gousse d'ail sous le plat de la lame d'un couteau. Ajouter l'ail, le poivron, le céleri, le piment, le laurier, les herbes et les grains de poivre aux olives. Stériliser un pot à conserve d'une capacité de 2 litres dans une grande casserole d'eau bouillante pendant 10 minutes. Égoutter le pot et le laisser sécher dans le four préchauffé à 150 °C (300 °F). Remplir le pot du mélange aux olives et couvrir d'huile d'olive. Fermer le pot et laisser reposer le tout à la température ambiante durant 2 ou 3 jours. On peut se servir de l'huile qui reste dans les vinaigrettes.

Donne 4 tasses

Note : Si on prépare des quantités plus petites, on peut remplacer le pot de conserve par un plat de faïence et faire mariner les olives au réfrigérateur.

LÉGUMES CROUSTILLANTS ÉPICÉS

1 panais moyen émincé en diagonale

2 tomates moyennes émincées

1 oignon rouge moyen émincé en anneaux

1 betterave moyenne émincée en rondelles

1 courgette moyenne émincée en rondelles

15 à 30 ml (1 à 2 c. à soupe) d'huile d'olive extravierge

15 ml (1 c. à soupe) d'herbes mélangées hachées
  (facultatif)

5 ml (1 c. à thé) de piment rouge moulu

Poivre noir frais moulu

Sel marin

Étendre les légumes sur un plateau du déshydrateur ou une plaque à pâtisserie antiadhésive. Mélanger l'huile d'olive, les herbes, le piment, un peu de sel et de poivre au goût et badigeonner les légumes de ce mélange. Faire sécher les légumes au déshydrateur ou au four à 55 °C (110 °F), de 2 à 6 heures, jusqu'à ce qu'ils soient ratatinés et croquants. Retirer les légumes de la chaleur, les saler un peu et laisser refroidir. Mélanger les légumes et les servir comme casse-croûte avec des légumes frais ou des olives marinées.

Donne de 2 à 4 portions

Variante : Pour donner un petit goût d'ail aux légumes, incorporer une gousse d'ail broyée à l'huile avant de les badigeonner.

NOIX MÉLANGÉES ÉPICÉES

60 g (½ tasse) d'amandes entières

60 g (½ tasse) de noix de macadamia

60 g (½ tasse) de noix de cajou

60 g (½ tasse) de pistaches

60 g (½ tasse) d'arachides

60 g (½ tasse) de noisettes

60 g (½ tasse) de noix du Brésil

45 ml (3 c. à soupe) de graines de citrouille

30 ml (2 c. à soupe) de graines de sésame entières

2,5 ml (½ c. à thé) de curcuma ou de cumin moulu

2,5 ml (½ c. à thé) de poivre de Cayenne

5 ml (1 c. à thé) de sel marin

Une bonne pincée de poivre noir frais moulu

15 ml (1 c. à soupe) d'huile d'olive extravierge

Dans un bol, mélanger les noix et les graines et réserver. Mélanger les épices et le sel et en saupoudrer le mélange. Arroser le tout d'huile et bien mélanger. Étendre le mélange sur un plateau du déshydrateur ou une plaque à pâtisserie et les faire sécher au déshydrateur ou au four à 55 °C (110 °F), de 6 à 12 heures, jusqu'à ce que les noix soient croquantes et parfumées. Laisser refroidir le mélange avant de l'entreposer dans un contenant hermétique. Servir tel quel, avec une boisson, ou pour relever une salade.

Donne environ 625 ml (2 ½ tasses)

Variante : Pour donner un goût asiatique aux noix, omettre le curcuma (ou le cumin) de la recette, réduire le sel de moitié et ajouter 2,5 ml (½ c. à thé) de sauce soja non pasteurisée à l'huile.

CHAMPIGNONS FARCIS AUX TOMATES ET AU BASILIC

8 gros champignons (agarics)

4 gousses d'ail finement hachées

15 ml (1 c. à soupe) de vinaigre de sherry

Sel marin

Poivre noir frais moulu

75 ml (5 c. à soupe) d'huile d'olive extravierge

20 quartiers de tomates séchées au soleil finement hachés

60 g (½ tasse) de pignons

15 g (½ tasse) de persil plat finement haché

15 g (½ tasse) de basilic finement haché

Enlever les pieds des champignons et les jeter. Essuyer les champignons avec un linge sec puis les peler avec les doigts. Hacher finement les peaux et les réserver. Mélanger la moitié de l'ail, le vinaigre de sherry, une pincée de sel, une pincée de poivre et 45 ml (3 c. à soupe) d'huile d'olive. Badigeonner les champignons de ce mélange et laisser mariner à la température ambiante. Pour faire la farce, mélanger dans un bol les peaux de champignons hachées, le reste de l'ail et de l'huile d'olive, les tomates, les pignons, le persil et le basilic. Assaisonner au goût. Étendre les champignons sur un plateau du déshydrateur ou une plaque à pâtisserie antiadhésive. Farcir les champignons du mélange et les faire sécher au déshydrateur ou au four à 55 °C (110 °F), de 2 à 4 heures, jusqu'à ce qu'ils soient bien tendres. Retirer et servir sur des assiettes chaudes.

Donne 4 portions

Note : Pour le séchage des tomates, voir page 103.

CRUDITÉS ET HOUMMOS

250 g (1 tasse) de pois chiches

15 à 30 ml (1 à 2 c. à soupe) de tahini cru

2 gousses d'ail broyées

30 ml (2 c. à soupe) de jus de citron

30 ml (2 c. à soupe) d'eau

Une bonne pincée d'assaisonnement au chili

5 ml (1 c. à thé) de cumin moulu

90 ml (1/3 de tasse) d'huile d'olive extravierge

Sel marin

Poivre noir frais moulu

2 quartiers de citron

30 g (1/4 de tasse) de petites olives noires

500 ml à 1 litre (2 à 4 tasses) de légumes frais
préparés, entiers ou coupés en lanières, en
bâtonnets ou en morceaux d'une bouchée, tels que
carotte, pois mange-tout, petits haricots verts,
poivron, feuilles d'endive, brocoli, courgette,
concombre, céleri, radis, asperge, tomate

Pour faire germer les pois chiches, voir page 21.

Mettre dans le robot culinaire les germes de pois chiches, le tahini, l'ail, le jus de citron, l'eau, les épices et l'huile d'olive.

Mélanger le tout jusqu'à consistance lisse. Si le mélange est trop épais, ajouter un peu d'eau. Assaisonner au goût et servir la sauce à trempette dans un bol placé au centre des légumes.

Donne environ 2 tasses de sauce, soit de 4 à 8 portions

Variante : Pour faire un repas complet, servir ce plat avec une Pâte de tomates séchées (voir page 98) ou une Tapenade aux olives noires (voir page 96), en augmentant la quantité de légumes au besoin.

FEUILLES DE VIGNE FARCIES AUX PIGNONS, RAISINS DE CORINTHE ET BETTES À CARDES
(*DOLMAS*)

12 feuilles de bettes à cardes hachées (sans les côtes)

1 échalote émincée

2 gousses d'ail broyées

20 ml (4 c. à thé) de jus de citron

125 g (1 tasse) de pignons trempés durant une nuit
   dans l'eau froide puis égouttés

60 g (½ tasse) de raisins de Corinthe trempés durant
   1 heure puis égouttés

90 g (1 tasse) de germes de haricot

10 g (⅓ de tasse) de menthe hachée

60 ml (¼ de tasse) d'huile d'olive extravierge (plus
   30 à 45 ml/2 à 3 c. à soupe)

Sel marin

Poivre noir frais moulu

12 grandes feuilles de vigne en saumure

Mettre dans le robot culinaire les bettes à cardes, l'échalote, l'ail, le jus de citron, les pignons, les raisins, les germes et la menthe. Mélanger à quelques reprises, ajouter l'huile d'olive puis recommencer jusqu'à ce que le tout soit mélangé mais non en purée. Assaisonner au goût et réserver. Bien rincer les feuilles de vigne à l'eau froide puis les égoutter et les assécher en les tapotant à l'aide de papier essuie-tout. Mettre une feuille de vigne sur une planche à découper, la badigeonner d'huile puis en couvrir le centre de 30 ml (2 c. à soupe) du mélange. Façonner la feuille et la farce en rouleau rectangulaire en les badigeonnant d'huile. Placer les rouleaux côte à côte dans une assiette de service puis les réfrigérer quelques heures jusqu'à ce qu'ils soient bien fermes. Au moment de servir, couper chaque rouleau en deux, en diagonale, et les disposer debout dans l'assiette de service.

Donne 2 portions

LANIÈRES DE COURGETTE
À LA CHARMOULA

30 g (1 tasse) de coriandre grossièrement hachée

30 g (1 tasse) de persil plat grossièrement haché

4 gousses d'ail broyées

15 ml (1 c. à soupe) de cumin moulu

2,5 ml (½ c. à thé) de piment rouge moulu

30 ml (2 c. à soupe) de jus de citron

125 ml (½ tasse) d'huile d'olive extravierge

Sel marin

Poivre noir frais moulu

6 grosses courgettes

Pour faire la charmoula, mélanger la coriandre, le persil, l'ail, le cumin, le piment et le jus de citron puis y incorporer l'huile d'olive. Saler et poivrer au goût et réserver. Parer les courgettes et les émincer sur le long à l'aide d'un tranchoir à légumes japonais ou d'une mandoline. Façonner les tranches de courgettes en formes fantaisistes et les disposer dans les assiettes de service. Napper de charmoula et servir.

Donne de 4 à 6 portions

Note : La charmoula est une marinade marocaine utilisée surtout pour attendrir et parfumer les poissons et les fruits de mer. Comme elle est très piquante, elle donne beaucoup de goût aux légumes crus. Pour lui donner un goût de citron plus prononcé, y ajouter un peu de citron mariné haché (voir page 102).

Soupes

AJO BLANCO (SOUPE FROIDE ESPAGNOLE AUX AMANDES ET AUX RAISINS)

125 g (1 tasse) d'amandes entières trempées durant une nuit dans l'eau froide puis mondées

440 ml (1 ¾ tasse) de lait d'amandes (voir page 27)

2 gousses d'ail broyées

500 ml (2 tasses) d'eau

30 ml (2 c. à soupe) de vinaigre de sherry

90 ml (⅓ de tasse) d'huile d'olive extravierge (et plus pour servir)

Sel marin

Poivre noir frais moulu

40 à 50 raisins blancs sans pépins

30 ml (2 c. à soupe) de ciboulette hachée

Mélanger brièvement les amandes et le lait d'amandes au mélangeur puis couvrir et réfrigérer toute la nuit. Le lendemain, verser le mélange dans le mélangeur, ajouter l'ail et l'eau et mélanger jusqu'à consistance lisse. Ajouter le vinaigre et l'huile, saler et poivrer et mélanger de nouveau. Couvrir et faire refroidir complètement. Entre-temps, peler les raisins et les couper en deux sur le long. Répartir la soupe dans des bols froids, y répartir les raisins et la ciboulette, arroser d'un peu d'huile et servir.

Donne 4 portions

Note : Si les amandes ne sont pas complètement broyées, on peut filtrer la soupe après y avoir ajouté l'ail et l'eau. Il est essentiel pour réussir cette recette de se servir d'un vinaigre de sherry de première qualité.

SOUPE À LA ROQUETTE, AUX NOIX DE GRENOBLE ET AUX TOPINAMBOURS

1 échalote émincée

1 citron coupé en deux

270 g (2 tasses) de topinambours

1 gousse d'ail broyée

2 petites branches de céleri hachées

90 g (3 tasses) de roquette

60 g ($^1/_2$ tasse) de noix de Grenoble

7 g ($^1/_4$ de tasse) de persil haché

30 ml (2 c. à soupe) de vinaigre de sherry ou de jus de citron

Sel marin

Poivre noir frais moulu

60 ml ($^1/_4$ de tasse) d'huile d'olive extravierge

500 ml (2 tasses) d'eau

15 à 30 ml (1 à 2 c. à soupe) d'huile de noix de Grenoble (facultatif)

30 ml (2 c. à soupe) de ciboulette hachée

Pour adoucir le goût de l'échalote, l'attendrir durant 1 heure au déshydrateur ou au four à 55 °C (110 °F) (on peut aussi la faire tremper durant 30 minutes dans l'eau froide). Pendant ce temps, presser le jus de citron dans un bol d'eau puis y mettre les moitiés de citron. Peler les topinambours et les mettre aussitôt dans l'eau citronnée pour les empêcher de noircir. Mettre ensuite dans le mélangeur l'échalote, l'ail, le céleri, la roquette, les noix, le persil, le vinaigre, du sel et du poivre au goût. Ajouter l'huile d'olive et la moitié de l'eau et mélanger le tout jusqu'à consistance lisse. Hacher grossièrement les topinambours, les ajouter au mélange et réduire en purée. Ajouter le reste de l'eau et ajuster l'assaisonnement. Ajouter un peu d'eau au besoin. Servir la soupe dans des bols chauds avec quelques gouttes d'huile de noix et la ciboulette.

Donne 4 portions

Variante : On peut remplacer la roquette par des épinards et les noix par des noisettes.

SOUPE CITRONNÉE ÉPICÉE À L'AVOCAT ET AU MAÏS

3 gros avocats bien mûrs pelés et dénoyautés

45 ml (3 c. à soupe) de jus de citron

1 concombre anglais (ou 2 libanais) pelés et
   grossièrement hachés

2 tomates mûres pelées, épépinées et hachées

2 épis de maïs

7 g (¼ de tasse) de persil plat haché

10 ml (2 c. à thé) de racines de coriandre finement
   hachées

1 petit piment fort épépiné et émincé

500 ml (2 tasses) d'eau

Sel marin

Poivre noir frais moulu

½ petit poivron rouge épépiné

2,5 ml (½ c. à thé) d'huile d'olive extravierge

15 g (½ tasse) de brins de coriandre

Mettre dans le mélangeur la chair d'avocat, le jus de citron, le concombre et les tomates et les mélanger jusqu'à consistance lisse. Râper les épis de maïs et ajouter au mélange avec le persil, la racine de coriandre, le piment et l'eau. Mélanger jusqu'à consistance lisse puis saler et poivrer au goût. Ajouter un peu d'eau au besoin. Couper le poivron en deux puis recouper chaque moitié pour en faire 4 rectangles de chair très mince. Couper les rectangles en fines lanières puis mélanger celles-ci avec l'huile d'olive et les brins de coriandre. Répartir la soupe dans les bols et garnir de poivron et de coriandre.

Variante : Tous les ingrédients peuvent être coupés en morceaux d'une bouchée et servis en salade.

Donne 4 portions

SOUPE FROIDE AU CONCOMBRE ET AU RADIS ROUGE

3 concombres anglais (ou 6 libanais) pelés et
    grossièrement hachés

90 g (1 tasse) d'oignons verts (ou échalote ou ciboule)
    émincés

60 ml (¼ de tasse) d'eau

22,5 ml (4 ½ c. à thé) de jus de citron

Sel marin

Poivre noir frais moulu

Le vert de 2 oignons verts

4 petits radis rouges

2,5 ml (½ c. à thé) d'huile d'olive extravierge

4 à 8 tiges de cerfeuil (facultatif)

Mettre le concombre, l'oignon vert, l'eau et 4 c. à thé de jus de citron dans le mélangeur et les mélanger jusqu'à consistance lisse. Saler et poivrer au goût, couvrir et réfrigérer. Couper le vert des oignons en fines lanières de 10 cm (4 po) de long puis les mettre dans l'eau froide durant 10 minutes pour les faire friser. À l'aide d'un tranchoir à légumes japonais ou d'une mandoline, émincer les radis. Égoutter le vert des oignons et l'incorporer aux radis avec l'huile d'olive, le cerfeuil et un peu de sel et de poivre. Répartir la soupe dans des bols froids et la garnir du mélange au radis.

Donne de 2 à 4 portions

Variante : On peut remplacer le cerfeuil par de l'aneth ou de la ciboulette.

SOUPE AU CHOU-FLEUR CRÉMEUSE

1 pied de chou-fleur (de 1 kg environ), coupé en
  morceaux d'une bouchée
60 ml (¼ de tasse) de jus de citron
10 ml (2 c. à thé) de cumin moulu
125 ml (½ tasse) d'huile d'olive extravierge
500 ml (2 tasses) d'eau
Sel marin
Poivre noir frais moulu
30 ml (2 c. à soupe) de persil finement haché
30 ml (2 c. à soupe) de coriandre finement hachée

Mettre dans le mélangeur le chou-fleur, le jus de citron,
le cumin, l'huile d'olive et l'eau et les mélanger à grande
vitesse jusqu'à consistance lisse. Saler et poivrer au goût,
tamiser le mélange en le pressant le plus possible. Ajuster
l'assaisonnement et servir la soupe garnie de persil et de
coriandre dans des bols chauds.

Donne 4 portions

Note : Cette soupe est si crémeuse que vous aurez du mal
à croire qu'elle ne contient aucun produit laitier.

GASPACHO AUX TOMATES ET À LA MENTHE

1,5 kg (3 lb) de tomates mûres parées et
  grossièrement hachées
1 concombre anglais (ou 2 libanais) grossièrement
  hachés
2 poivrons rouges épépinés et grossièrement hachés
3 gousses d'ail broyées
60 g (⅔ de tasse) d'amandes moulues (voir note
  page 92)
500 ml (2 tasses) d'eau
15 ml (1 c. à soupe) de sel marin
7,5 ml (½ c. à thé) de poivre noir frais moulu
15 g (½ tasse) de menthe finement hachée
90 ml (⅓ de tasse) de vinaigre de sherry
150 ml (⅔ de tasse) d'huile d'olive extravierge
Branches tendres de céleri (avec feuilles)

Mélanger tous les ingrédients (sauf le céleri) dans un grand
plat de verre. Couvrir et réfrigérer durant au moins 2 heures
pour permettre aux saveurs de s'amalgamer. Réduire
partiellement le mélange en purée au mélangeur pour qu'il
reste encore des morceaux. Ajuster l'assaisonnement et
servir la soupe avec les branches de céleri.

Donne de 6 à 8 portions

Note : Pour réussir cette soupe, il faut absolument se servir
d'un vinaigre de sherry de première qualité.

Salades et légumes

SALADE D'ARTICHAUTS, DE CÉLERI ET DE PIGNONS

45 ml (3 c. à soupe) de jus de citron

5 ml (1 c. à thé) de zeste de citron finement râpé

110 g (½ tasse) de tomate pelée coupée en petits dés

10 ml (2 c. à thé) de feuilles de thym citronné (ou thym)

Sel marin

Poivre noir frais moulu

180 ml (¾ de tasse) d'huile d'olive extravierge

1 citron coupé en deux

6 artichauts moyens

2 branches tendres de céleri (avec les feuilles), émincées

30 g (¼ de tasse) de pignons

60 g (2 tasses) de jeunes feuilles de chicorée frisée cassées à la main

7 g (¼ de tasse) de brins de cerfeuil (facultatif)

Vinaigrette : Mélanger le jus et le zeste de citron, les tomates, le thym, les pignons, un peu de sel et de poivre. Incorporer l'huile d'olive, bien battre et réserver.

Presser le jus de citron dans un bol d'eau froide puis y mettre les moitiés de citron. Parer les artichauts de manière à n'en garder que la base et le cœur tendres. Les couper en deux puis les mettre à mesure dans l'eau citronnée pour les empêcher de noircir. Émincer les artichauts et les enrober à mesure de vinaigrette. Ajouter le céleri, les pignons et la chicorée et bien remuer. Répartir la salade dans des bols en y versant un peu d'huile d'olive. Garnir de cerfeuil.

Donne de 4 à 6 portions

JEUNES POIREAUX ET TAPENADE AUX OLIVES VERTES ET AUX CÂPRES

180 g (1 tasse) d'olives vertes dénoyautées

15 ml (1 c. à soupe) de petites câpres rincées et bien asséchées

2 gousses d'ail

15 g (½ tasse) de persil haché

15 ml (1 c. à soupe) de feuilles de thym

5 ml (1 c. à thé) de zeste de citron râpé

125 ml (½ tasse) d'huile d'olive extravierge

Sel marin

Poivre noir frais moulu

12 à 16 petits poireaux

Mettre dans le mélangeur les olives, les câpres, l'ail, le persil, le thym et le zeste de citron et les mélanger jusqu'à ce qu'ils commencent à former une pâte homogène. Ajouter 30 ml (2 c. à soupe) d'huile d'olive et mélanger de nouveau jusqu'à la consistance voulue. Saler et poivrer au goût, couvrir et réserver. Parer les poireaux en n'en gardant que le blanc tendre puis les fendre sur le long jusqu'à 0,5 cm (¼ de po) de la base. Amener à ébullition une grande casserole d'eau, la retirer du feu, y immerger les poireaux durant 2 minutes puis égoutter ceux-ci (on peut aussi les faire cuire à la vapeur 2 minutes). Saler et poivrer les poireaux puis les arroser d'un peu d'huile. Répartir les poireaux dans des assiettes chaudes, les garnir de tapenade puis d'un peu d'huile. Servir aussitôt.

Donne 4 portions

Note : Si on préfère ne pas faire cuire les poireaux, on peut les retourner dans un peu d'huile et d'eau avant de les attendrir durant 1 ou 2 heures au déshydrateur ou au four à 55 °C (110 °F).

SALADE DE BETTERAVES, DE CAROTTES ET DE NOIX DE GRENOBLE

30 ml (2 c. à soupe) de vinaigre de cidre de pomme

Sel marin

Poivre noir frais moulu

60 ml (¼ de tasse) d'huile d'olive extravierge

300 g (3 tasses) de betteraves râpées

300 g (3 tasses) de carottes râpées

60 g (½ tasse) de noix de Grenoble grossièrement hachées

30 g (1 tasse) de persil plat (italien) déchiqueté

15 g (½ tasse) de ciboulette hachée

Dans un grand bol, mélanger le vinaigre, une pincée de sel, une pincée de poivre et l'huile d'olive. Ajouter les betteraves et les carottes râpées, bien mélanger et laisser reposer à la température ambiante durant 10 minutes en remuant le mélange à quelques reprises. Ajouter les noix et le persil, mélanger de nouveau et servir la salade garnie de ciboulette.

Donne 4 portions

Variante : Pour rendre la salade plus énergisante, on peut y ajouter des morceaux d'avocat ou des raisins (de Corinthe ou autres). On peut aussi remplacer les noix par des graines de tournesol.

SALADE DE ROQUETTE, D'OLIVES NOIRES ET DE FIGUES

15 ml (1 c. à soupe) de vinaigre balsamique vieilli

Sel marin

Poivre noir frais moulu

45 ml (3 c. à soupe) d'huile d'olive extravierge

4 à 6 figues noires ou vertes

200 g (6 ½ oz) de roquette

90 g (½ tasse) de petites olives noires (niçoises)

Mettre dans un bol le vinaigre, une pincée de sel, une pincée de poivre et l'huile d'olive. Bien mélanger. Équeuter les figues, les couper en quartiers puis les retourner dans la vinaigrette. Ajouter la roquette et les olives et remuer de nouveau. Servir aussitôt.

Donne 4 portions

Variante : Pour donner un goût de figue plus prononcé à cette salade, on peut émincer 2 figues très mûres, les étendre sur un plateau du déshydrateur ou une plaque à pâtisserie, les badigeonner d'un peu d'huile d'olive et les poivrer puis les faire sécher entre 2 et 4 heures (à 55 °C/ 110 °F), jusqu'à ce qu'elles soient croquantes. Une fois refroidies, on les sert sur la salade. On peut aussi remplacer les figues par des poires.

BOK CHOY ET CHAMPIGNONS CHINOIS MARINÉS AU GINGEMBRE ET AU SOJA

Vinaigrette :

15 ml (1 c. à soupe) de gingembre finement râpé

1 gousse d'ail broyée

30 ml (2 c. à soupe) de sauce soja non pasteurisée
(nama shoyu)

15 ml (1 c. à soupe) de jus de lime

60 ml (¼ de tasse) d'huile de sésame pressée à froid

Poivre noir frais moulu

Salade :

300 g (10 oz) de champignons chinois (shiitake,
enokitake ou pleurotes)

2 pieds de bok choy coupés en deux sur le long

7 g (¼ de tasse) de feuilles de coriandre

Mélanger le gingembre, l'ail, la sauce soja, le jus de lime,
l'huile de sésame et une pincée de poivre. Essuyer les
champignons puis éliminer les pieds des shiitake. Émincer
les shiitake et les pleurotes. Défaire les touffes d'enokitake
en petits paquets. Enduire les champignons de vinaigrette
et les laisser mariner durant 1 heure. Amener une casserole
d'eau à ébullition, la retirer du feu, y jeter les bok choy et
les faire blanchir durant 1 minute (on peut aussi les faire
cuire à la vapeur durant 1 minute). Incorporer le bok choy
aux champignons marinés, saler et poivrer au besoin et
servir le plat garni de coriandre.

Donne 4 portions

Note : Si on désire ne pas faire cuire les champignons, on
peut tout simplement les émincer avant de les mettre dans
la vinaigrette et les faire mariner 30 minutes de plus.

BROCOLINI AUX HARICOTS NOIRS FERMENTÉS

30 ml (2 c. à soupe) de haricots noirs fermentés

10 ml (2 c. à thé) de vinaigre de sherry

1 échalote émincée

1 petit piment fort épépiné et finement haché

2 bottes de brocolini (rapini) – voir note – ou 1 pied de brocoli

30 ml (2 c. à soupe) d'huile d'olive extravierge

Poivre noir frais moulu

15 ml (1 c. à soupe) de ciboulette chinoise hachée

Rincer longuement les haricots à l'eau froide de manière à en réduire la teneur en sel. Bien égoutter et réserver. Mélanger dans un bol le vinaigre de sherry, l'échalote et le piment. Ajouter les haricots et les réduire en purée avec les autres ingrédients. Laisser macérer le mélange. Parer le brocolini – ne pas l'éplucher car les tiges sont très tendres. (Si on utilise du brocoli, peler la peau rugueuse plutôt que la couper). Couper en morceaux d'une bouchée. Amener une petite casserole d'eau à ébullition, la retirer du feu et y plonger le brocolini de 2 à 3 minutes. Pendant ce temps, incorporer 20 ml (4 c. à thé) d'huile d'olive au mélange et poivrer au goût. Égoutter le brocolini, l'enrober du reste de l'huile et l'incorporer à la pâte de haricots noirs. Servir le brocolini dans des assiettes chaudes et le garnir de ciboulette chinoise.

Donne 2 portions

Note : Le brocolini (rapini) est un légume dont les pousses tendres ont le goût du brocoli. Les haricots noirs fermentés sont vendus en boîtes, en pots (en saumure) ou dans des emballages (avec du sel). Il est très important de les rincer à fond avant de les utiliser.

Variante : On peut aussi ajouter à ce plat du gingembre, de l'ail ou des oignons verts.

SALADE DE BÂTONNETS DE CAROTTES À LA CORIANDRE ET AU PIMENT

Vinaigrette :

1 gousse d'ail broyée

5 ml (1 c. à thé) de graines de cumin grossièrement
   broyées

1 petit piment fort épépiné et émincé

30 ml (2 c. à soupe) de jus de citron

Sel marin

Poivre noir frais moulu

30 ml (2 c. à soupe) d'huile d'olive extravierge

Salade :

3 ou 4 carottes (environ 400 g/14 oz) pelées et
   coupées en bâtonnets de 5 cm (2 po) de long et de
   0,5 cm (¼ po) de large

7 g (¼ de tasse) de coriandre hachée

60 g (2 oz) de germes de pois ou de cresson

7,5 ml (½ c. à soupe) d'huile d'olive extravierge

Vinaigrette : Dans un grand bol, mélanger l'ail, le cumin, le
piment et le jus de citron. Saler, poivrer et ajouter l'huile
d'olive. Battre la vinaigrette et la réserver.

Amener une casserole d'eau à ébullition, la retirer du feu
puis y plonger les carottes. Égoutter aussitôt les carottes et
les incorporer à la vinaigrette. Ajouter la coriandre. Enrober
les germes de pois d'huile d'olive, les assaisonner et les
disposer dans une grande assiette de service. Les recouvrir
des carottes et servir.

Donne de 2 à 4 portions

Note : On peut tout simplement râper les carottes au lieu de
les blanchir dans l'eau bouillante.

SALADE DE CÉLERI, DE POMMES ET DE NOIX DE GRENOBLE

Vinaigrette :

60 g (½ tasse) de noix de macadamia ou de pignons trempés une nuit dans l'eau froide

1 gousse d'ail broyée

15 ml (1 c. à soupe) de persil plat (italien) haché

30 ml (2 c. à soupe) de jus de citron

90 ml (⅓ de tasse) d'eau

45 ml (3 c. à soupe) d'huile d'olive extravierge

Sel marin

Poivre noir frais moulu

Salade :

2 pommes rouges croquantes non pelées

4 branches de céleri (avec les feuilles) émincées en diagonale

60 g (½ tasse) de noix de Grenoble concassées

4 grandes feuilles de laitue (facultatif)

15 ml (1 c. à soupe) d'huile d'olive extravierge

Vinaigrette : Égoutter les noix (ou les pignons) et les réduire en purée au mélangeur avec l'ail, le persil, le jus de citron et l'eau. Incorporer ensuite l'huile d'olive. Saler et poivrer au goût et réserver. Couper les pommes en quartiers, en enlever les cœurs puis les recouper en morceaux. Les mettre dans un grand saladier avec le céleri. Arroser de vinaigrette, bien mélanger. Ajouter les noix de Grenoble et servir le mélange dans des bols ou des feuilles de laitue (au choix). Arroser la salade d'huile d'olive et servir.

Donne 4 portions

Note : La vinaigrette (250 ml/1 tasse) peut servir dans d'autres salades de légumes ou de fruits. En se servant d'un mélangeur à haute vitesse, on obtient une vinaigrette à consistance de mayonnaise. On peut remplacer la vinaigrette par 250 ml (1 tasse) de mayonnaise à base de jaunes d'œufs crus.

SALADE DE RADICCHIO ET DE POMMES VERTES, VINAIGRETTE AUX AMANDES

Vinaigrette :

45 g (¹/₃ de tasse) d'amandes entières trempées une
 nuit dans l'eau froide puis mondées

2 branches tendres de céleri (avec les feuilles)
 grossièrement hachées

1 gousse d'ail

60 ml (¹/₄ de tasse) de jus de citron

15 g (¹/₂ tasse) de persil plat (italien)

Sel marin

Poivre noir frais moulu

Salade :

3 pommes vertes, non pelées

2 pieds de radicchio parés et coupés en julienne

60 g (¹/₃ de tasse) de raisins secs

30 ml (2 c. à soupe) d'huile d'olive extravierge

Mettre dans le mélangeur les amandes, le céleri, l'ail, le jus
de citron et la moitié du persil et les mélanger jusqu'à
consistance lisse. Saler et poivrer au goût et réserver.
Couper les pommes en tranches puis en julienne. Les mettre
à mesure dans la vinaigrette pour les empêcher de noircir.
Ajouter le radicchio et les raisins et bien mélanger. Mettre la
salade dans les assiettes de service et la servir garnie du
reste du persil grossièrement haché et arrosée d'un peu
d'huile d'olive.

Donne 4 portions

SALADE DE TOPINAMBOURS ET D'ÉPINARDS, VINAIGRETTE AUX NOISETTES

Vinaigrette :

½ échalote émincée

30 ml (2 c. à soupe) de jus de citron (et 1 citron coupé en deux)

30 ml (2 c. à soupe) d'huile d'olive extravierge

30 ml (2 c. à soupe) d'huile de noisettes ou d'olive extravierge

Sel marin

Poivre noir frais moulu

Salade :

125 g (4 oz) de pleurotes (facultatif)

270 g (2 tasses) de topinambours

90 g (3 tasses) de jeunes épinards

45 g (¼ de tasse) de noisettes grossièrement hachées

Mélanger dans un grand bol l'échalote, le jus de citron, l'huile d'olive et l'huile de noisettes (ou d'olive). Saler et poivrer au goût. Mettre la moitié de la vinaigrette dans un bol plus petit et y faire mariner les pleurotes durant 10 minutes. Presser le jus des citrons dans un bol d'eau puis y mettre les moitiés de citrons. Peler les topinambours et les mettre à mesure dans l'eau citronnée pour les empêcher de noircir. À l'aide d'un tranchoir à légumes japonais ou d'une mandoline, émincer les topinambours en les mettant à mesure dans la vinaigrette. Incorporer ensuite les champignons, les épinards et les noisettes. Mettre la salade dans des assiettes de service avec un filet d'huile de noisettes sur le côté.

Donne 4 portions

Note : Les huiles de noix ont une saveur et un goût particuliers qui relèvent merveilleusement bien certaines salades. Il faut toutefois s'assurer de leur fraîcheur avant de les acheter, toujours en petites quantités, et les conserver au réfrigérateur parce qu'elles ont vite tendance à rancir.

SALADE DE TOMATES ET DE CITRON MARINÉ

500 g (1 lb) de petites tomates de toutes les couleurs
   lavées et bien asséchées
Sel marin
Poivre noir frais moulu
2,5 ml (½ c. à thé) de zeste de citron râpé
1 échalote émincée
5 ml (1 c. à thé) de feuilles de thym citronné (ou thym)
60 ml (¼ de tasse) d'huile d'olive extravierge
60 g (2 oz) de germes de pois (facultatif)
4 petits quartiers de citron

Couper les tomates en deux; les saler et poivrer au goût.
Les mélanger délicatement au zeste de citron, à l'échalote,
au thym et à l'huile d'olive. Couvrir et laisser reposer à la
température ambiante durant 20 minutes. Ajuster
l'assaisonnement et ajouter les germes de pois (s'il y a lieu).
Garnir chaque assiette d'un quartier de citron.

Donne 2 ou 3 portions

Variante : Omettre le zeste de citron de la recette et le
remplacer par 15 g (½ oz) de basilic frais. Pour rendre cette
salade plus énergisante, y ajouter des morceaux d'avocat
au moment de servir. Pour la rendre plus consistante
encore, y ajouter des germes de pois chiches (voir page 21).

SALADE D'ORANGES, D'OIGNON ROUGE ET D'OLIVES NOIRES

4 grosses oranges pelées et épépinées
½ oignon rouge émincé en demi-lunes
30 ml (2 c. à soupe) de jus d'orange
Sel marin
Poivre noir frais moulu
60 ml (¼ de tasse) d'huile d'olive extravierge
90 g (½ tasse) de petites olives noires (niçoises)
Les feuilles de 4 branches de marjolaine

Émincer les oranges et les faire se chevaucher en cercle
dans 4 assiettes de service. Rincer l'oignon dans l'eau froide
pour le rendre moins piquant puis l'égoutter et l'assécher
en le tapotant avec du papier essuie-tout. Dans un petit bol,
mélanger l'oignon, le jus d'orange, du sel et du poivre au
goût et l'huile d'olive. Ajouter les olives. Disposer le
mélange au milieu des tranches d'oranges puis arroser
celles-ci d'un filet d'huile. Garnir de marjolaine et servir
aussitôt.

Donne 4 portions

Variante : Pour atténuer le goût de l'oignon, on peut le
faire tremper durant 30 minutes dans l'eau froide ou le
remplacer par 45 g (½ tasse) d'oignons verts émincés. Pour
rendre la salade plus rafraîchissante, on peut ajouter des
morceaux de concombre à la vinaigrette.

SALADE DE POIRES, DE NOIX DE GRENOBLE ET DE FEUILLES AMÈRES

2 poires mûres mais fermes (type Bosc) non pelées

60 ml (¼ de tasse) d'huile d'olive extravierge

Poivre noir frais moulu

15 ml (1 c. à soupe) de moutarde douce (Dijon)

5 ml (1 c. à thé) de vinaigre de vin blanc ou de sherry

Sel marin

3 poires asiatiques (nashi) non pelées

125 g (4 tasses) de feuilles amères mélangées (endive, radicchio, chicorée frisée)

60 g (½ tasse) de noix de Grenoble grossièrement hachées

15 g (½ tasse) de brins de cerfeuil (facultatif)

Laver et assécher les poires puis, à l'aide d'un tranchoir à légumes japonais ou d'une mandoline, les trancher le plus finement possible en rondelles (en procédant d'un côté puis de l'autre jusqu'au cœur). Étendre les rondelles sur un plateau du déshydrateur ou une plaque à pâtisserie, les badigeonner d'un peu d'huile et poivrer au goût. Les faire sécher de 2 à 4 heures, au déshydrateur ou au four à 55 °C (110 °F), jusqu'à ce qu'elles soient croquantes. Les laisser ensuite refroidir à la température ambiante. Mettre dans un saladier la moutarde et le vinaigre et les battre avec le reste de l'huile. Saler et poivrer au goût. Couper les poires asiatiques en quartiers puis en enlever les cœurs et les couper en morceaux de grosseur égale. Les enrober de vinaigrette. Incorporer les feuilles amères déchiquetées aux poires, ajouter les noix de Grenoble et bien remuer. Répartir la salade dans les assiettes de service et la garnir de rondelles de poires.

Donne 4 portions

Variante : On peut faire cette salade avec des feuilles de roquette, de cresson d'eau ou de cresson aliénois ou des fleurs et des feuilles amères (comme celles de la capucine). On peut aussi remplacer les poires par des pommes (2 pommes à cuire et 3 pommes vertes).

SALADE DE PAMPLEMOUSSES ROSES, DE FENOUIL ET D'OIGNON ROUGE

2 pamplemousses roses

15 ml (1 c. à soupe) de graines de fenouil broyées

30 ml (2 c. à soupe) de moutarde douce (type Dijon)

1 gousse d'ail broyée

90 ml (1/3 de tasse) d'huile d'olive extravierge

2 bulbes de fenouil de Florence moyens (avec les feuilles) (environ 625 g/1 1/4 lb)

Sel marin

Poivre noir frais moulu

1/2 oignon rouge émincé

60 g (2 tasses) de cresson d'eau

Peler les pamplemousses, en éliminer les peaux et les graines et réserver. Récupérer le jus des pamplemousses obtenu lors de leur préparation en le mettant dans un grand bol de verre ou un saladier. Ajouter les graines de fenouil, la moutarde et l'ail et bien agiter. Incorporer l'huile d'olive petit à petit (en n'en gardant que 15 ml/1 c. à soupe). Couper les feuilles de fenouil et en hacher une partie de manière à obtenir 30 ml (2 c. à soupe) qu'on incorpore aussitôt à la vinaigrette. Saler et poivrer au goût et réserver. Couper les bulbes de fenouil en deux sur le long, les parer puis émincer.

Mettre le fenouil, l'oignon et les quartiers de pamplemousse dans la vinaigrette et bien mélanger le tout. Servir la salade sur un lit de feuilles de cresson d'eau et arrosée d'un filet d'huile.

Donne de 4 à 6 portions

Note : Il faut s'assurer que la moutarde n'a pas été cuite lors de sa préparation.

Variante : À défaut de pamplemousses roses, on peut se servir de pamplemousses jaunes. On peut aussi, pour obtenir une salade plus sucrée, remplacer les pamplemousses par 3 oranges bien juteuses.

SALADE DE PISTACHES, DE CÉLERI, DE CONCOMBRE ET DE DATTES

45 g (¹/₃ de tasse) de pistaches grossièrement hachées

Sel marin

Poivre noir frais moulu

90 ml (¹/₃ de tasse) d'huile d'olive extravierge

60 ml (¹/₄ de tasse) de jus d'orange

30 ml (2 c. à soupe) de jus de citron

¹/₂ oignon rouge émincé en demi-lunes

4 grosses branches de céleri émincées en diagonale

2 concombres anglais pelés et coupés en morceaux

8 dattes dénoyautées et hachées

7 g (¹/₄ de tasse) de ciboulette hachée

Mélanger les pistaches à du sel, du poivre et quelques gouttes d'huile d'olive puis les étendre sur un plateau du déshydrateur ou une plaque à pâtisserie et les faire sécher à 55 °C (110 °F) de 1 à 2 heures, jusqu'à ce qu'elles soient parfumées. Les laisser refroidir puis hacher grossièrement. Dans un grand bol, mélanger les jus d'orange et de citron et le reste de l'huile. Saler et poivrer au goût. Rincer l'oignon à l'eau froide (voir variante page 72) puis bien l'assécher. L'ajouter à la vinaigrette avec le céleri, le concombre et les dattes. Servir la salade garnie de pistaches et de ciboulette.

Donne de 4 à 6 portions

Variante : On peut remplacer les dattes par une douzaine de raisins rouges sans pépins et coupés en deux. Pour rendre la vinaigrette plus consistante, on peut y ajouter de 30 à 45 ml (de 2 à 3 c. à soupe) de yogourt d'avoine ou de graines (voir page 24).

SALADE DE RADIS, DE CHOU-RAVE ET DE DAÏKON

3 petits choux-raves (avec les feuilles)

12 radis rouges effeuillés

½ daïkon (radis japonais) moyen pelé

60 ml (¼ de tasse) de jus de citron

60 ml (¼ de tasse) d'huile d'olive extravierge

Sel marin

Poivre noir frais moulu

7 g (¼ de tasse) de ciboulette hachée

7 g (¼ de tasse) de brins de cerfeuil

Enlever les petites feuilles tendres des choux-raves et les réserver. Parer les choux-raves en éliminant les feuilles coriaces (s'ils ne sont pas biologiques ou si leur peau est abîmée, les peler). À l'aide d'un tranchoir à légumes japonais ou d'une mandoline, émincer les choux-raves en les mettant dans un grand saladier. Émincer les radis et le daïkon en fines rondelles. Mélanger le tout avec les feuilles tendres de chou-rave et réserver. Dans un petit bol, battre ensemble le jus de citron, l'huile d'olive, une pincée de sel et une de poivre. Verser la vinaigrette dans la salade, ajouter la ciboulette et le cerfeuil et bien mélanger le tout. Servir aussitôt.

Donne 4 portions

Note : À défaut de posséder un tranchoir ou une mandoline, on peut râper grossièrement les choux-raves et les radis (avec une râpe manuelle ou un robot culinaire). Cette salade est très rafraîchissante durant les chaudes journées d'été.

SALADE AUX TROIS CHOUX

60 g (¹/₂ tasse) de pignons

60 g (¹/₂ tasse) de noix de macadamia

1 gousse d'ail broyée

1 petite branche tendre de céleri hachée

60 ml (¹/₄ de tasse) de jus de citron

60 ml (¹/₄ de tasse) d'eau

Sel marin

Poivre noir frais moulu

125 ml (¹/₂ tasse) d'huile d'olive extravierge

250 g (2 ²/₃ tasses) de chou de Savoie finement râpé

180 g (2 tasses) de chou rouge finement râpé

90 g (1 tasse) de chou frisé finement râpé

4 carottes moyennes grossièrement râpées

15 g (¹/₂ tasse) d'herbes fraîches hachées

Mettre dans le mélangeur les noix, l'ail, le céleri, le jus de citron, l'eau, une pincée de sel et une de poivre. Ajouter la moitié de l'huile d'olive et mélanger le tout jusqu'à consistance lisse. Ajuster l'assaisonnement. Mettre les choux dans un grand bol, les incorporer aux carottes et ajouter la vinaigrette. Bien mélanger le tout. Couvrir et laisser reposer durant 1 heure pour attendrir le chou. Retourner la salade à quelques reprises. Au moment de servir, ajouter le reste de l'huile en salant et en poivrant de nouveau au besoin.

Variante : Pour donner plus de goût à la salade, y incorporer 15 ml (1 c. à soupe) de petites câpres rincées dans l'eau froide. On peut, si on admet des produits animaux dans sa diète, remplacer la vinaigrette par 250 ml (1 tasse) de mayonnaise à base de jaunes d'œufs crus.

Donne de 4 à 8 portions

SALADE DE POIVRONS, DE CÂPRES ET DE CITRON MARINÉ

20 à 25 ml (1 ½ c. à soupe) de vinaigre de vin rouge

2 échalotes émincées

2 gousses d'ail broyées

110 g (½ tasse) de tomates pelées, épépinées et
    coupées en dés

30 ml (2 c. à soupe) de câpres rincées et hachées

Une bonne pincée de poivre de Cayenne

15 ml (1 c. à soupe) de citron mariné haché

90 ml (⅓ de tasse) d'huile d'olive extravierge

Sel marin

Poivre noir frais moulu

2 poivrons jaunes ou orange épépinés et émincés
    sur le long

2 poivrons rouges épépinés et émincés sur le long

2 poivrons verts épépinés et émincés sur le long

10 g (⅓ de tasse) de persil plat finement tranché

Dans un grand bol, mélanger le vinaigre, l'échalote, l'ail, les tomates, les câpres, le poivre de Cayenne et le citron mariné. Incorporer l'huile d'olive et saler et poivrer au goût. Incorporer les poivrons à la vinaigrette et laisser reposer 20 minutes en retournant le tout à quelques reprises. Vérifier l'assaisonnement, ajouter le persil à la salade et servir aussitôt.

Note : On peut préparer soi-même du citron mariné (voir page 102) ou en acheter dans les marchés moyen-orientaux.

Donne de 4 à 6 portions

SALADE D'ÉPINARDS, D'ORANGES, D'AVOCAT ET DE GERMES DE POIS CHICHES

180 g (³/₄ de tasse) de pois chiches ou 120 g
    (1 ¹/₃ tasse) de germes de pois chiches
2 gousses d'ail broyées
20 à 25 ml (1 ½ c. à soupe) de jus de citron
20 à 25 ml (1 ½ c. à soupe) de jus d'orange
10 ml (2 c. à thé) de cumin moulu
Une pincée de poivre de Cayenne
60 ml (¼ de tasse) d'huile d'olive extravierge
Sel marin
Poivre noir frais moulu
2 oranges parées et tranchées en fines rondelles
125 g (4 tasses) de jeunes épinards
1 gros avocat bien mûr, la chair coupée en morceaux

Pour préparer les germes de pois chiches, voir page 21.
Mélanger l'ail, les jus de citron et d'orange, le cumin, le
poivre de Cayenne et l'huile d'olive. Saler et poivrer au goût
et réserver. Mettre les germes de pois chiches, les rondelles
d'orange, les épinards et l'avocat dans le saladier et les
mélanger avec la vinaigrette. Servir aussitôt.

Donne 4 portions

Note : Les épinards sont plus goûteux si on les sert avec une
vinaigrette piquante.

SALADE DE GERMES DE LÉGUMINEUSES ET DE BLÉ GERMÉ, VINAIGRETTE AUX GRAINES DE SÉSAME ET À LA LIME

90 g (1 tasse) de germes de pois chiches

45 g (½ tasse) de blé germé

45 g (½ tasse) de germes de légumineuses mélangées
(lentilles, haricots mung, etc.)

15 ml (1 c. à soupe) de miso foncé (à base d'orge)

15 ml (1 c. à soupe) de jus de lime

30 ml (2 c. à soupe) d'huile de sésame pressée à froid

Poivre noir frais moulu

15 g (½ oz) d'algue arame séchée, trempée durant
30 minutes dans l'eau tiède

20 ml (4 c. à thé) de graines de sésame noires ou
entières

4 oignons verts (ou échalotes ou ciboules) émincés
en diagonale

1 avocat moyen bien mûr pelé et dénoyauté

Mettre les germes dans une passoire, les rincer à l'eau
froide, les égoutter et mélanger. Dans un grand bol, battre
ensemble le miso, le jus de lime, l'huile de sésame et du
poivre au goût. Égoutter les algues, en presser le surplus
d'eau et les incorporer à la vinaigrette. Incorporer les germes
en s'assurant qu'ils sont bien enrobés de vinaigrette. Garnir
la salade de graines de sésame et d'échalotes et assaisonner
au besoin. Servir la salade avec des tranches d'avocat.

Donne de 2 à 4 portions

Note : Si on préfère préparer les germes soi-même, utiliser
la moitié des quantités indiquées dans la recette. Voir
comment procéder à la page 21.

Variante : On peut remplacer l'algue arame par 1 ou
2 feuilles d'algue nori. Il suffit de briser les feuilles en
morceaux puis d'en ajouter la moitié à la salade en même
temps que les graines de sésame et les oignons verts. Se
servir du reste pour garnir la salade.

RATATOUILLE DE COURGETTES, D'AUBERGINES ET DE POIVRONS ROUGES

2 aubergines moyennes

Sel marin

1 gousse d'ail broyée

2 échalotes coupées en petits dés

30 ml (2 c. à soupe) de vinaigre de vin blanc

60 ml (¼ de tasse) d'huile d'olive extravierge

Poivre noir frais moulu

4 courgettes moyennes parées et coupées en cubes
de 1 cm (½ po)

4 tomates italiennes coupées en dés

1 poivron rouge épépiné et coupé en cubes de
½ cm (¼ po)

60 g (½ tasse) d'olives noires dénoyautées et
grossièrement hachées

60 ml (¼ de tasse) de persil haché

30 ml (2 c. à soupe) de ciboulette hachée

30 ml (2 c. à soupe) de menthe hachée

60 g (2 oz) de germes de pois (facultatif)

Parer les aubergines et les couper en cubes de ½ cm (¼ po). Saler les cubes et les laisser reposer durant 20 minutes. Les rincer puis les assécher en les tapotant avec du papier essuie-tout. Étendre les cubes sur un plateau du déshydrateur ou une plaque à pâtisserie et les faire sécher à 55 °C (110 °F) durant 2 heures. Vérifier si les cubes sont tendres et, s'ils ne le sont pas, poursuivre le séchage le temps nécessaire. Mettre l'ail, l'échalote et le vinaigre dans le saladier et les battre avec l'huile d'olive. Saler et poivrer au goût puis ajouter l'aubergine, la courgette, la tomate, le poivron et les olives. Ajouter les herbes et vérifier l'assaisonnement. Servir la salade telle quelle ou sur un lit de germes de pois.

Donne de 4 à 6 portions

Desserts

« GLACE » À LA BANANE ET À LA CANNELLE (AVEC NOIX DE GRENOBLE)

4 grosses bananes bien mûres

10 ml (2 c. à thé) d'extrait de vanille

5 ml (1 c. à thé) de cannelle moulue

15 ml (1 c. à soupe) de miel ou de sirop d'érable
   (facultatif)

30 g (¼ de tasse) de noix de Grenoble grossièrement
   hachées

Peler et couper les bananes en morceaux. Étaler les morceaux sur une plaque couverte de papier sulfurisé et les faire congeler durant au moins 1 heure, jusqu'à ce qu'elles soient dures. Mettre ensuite les morceaux dans le robot culinaire avec la vanille et la cannelle. Mélanger par à-coups pour ramollir la banane, puis mélanger jusqu'à consistance lisse. Répartir la « glace » dans les coupes et la garnir de miel ou de sirop d'érable (s'il y a lieu) et de noix. Servir aussitôt.

Donne 4 portions

Note : Voici une bonne manière de conserver et d'utiliser un surplus de bananes mûres. Si on prévoit s'en servir d'ici deux semaines, congeler d'abord les morceaux de banane pelés puis les mettre dans un sac à congélateur. On peut, si on désire les utiliser plus tard, les congeler entières puis les sortir du congélateur 20 minutes avant de les peler et de s'en servir. La glace à la banane est excellente pour la santé des enfants qui n'aiment pas les fruits. L'extrait de vanille est obtenu à partir de gousses de vanille et le produit est, tout comme le miel dit cru, chauffé lors de sa transformation, mais on s'en sert en si petites quantités qu'on le considère généralement comme cru.

TRANCHES D'ANANAS À LA CRÈME DE COCO

1 petit ananas

½ lime (plus 4 à 6 petits quartiers, pour servir)

½ noix de coco, la pulpe finement râpée ou 90 ml (⅓ de tasse) de crème de coco

1 petit piment fort épépiné et émincé

2 feuilles de lime de Kafir émincées

Couper la base et le sommet de l'ananas et placer celui-ci sur une planche à découper. À l'aide d'un couteau bien coupant, couper la peau de l'ananas en procédant du haut vers le bas et en lui donnant une forme octogonale. Couper l'ananas en tranches minces et les disposer dans les assiettes de service sur un seul rang. Arroser les tranches d'ananas de jus de lime puis les garnir de noix de coco râpé (ou les arroser de crème de coco). Garnir l'ananas de piment et de feuilles de lime et servir avec les quartiers de lime.

Donne de 4 à 6 portions

Note : Les petits ananas sont généralement assez sucrés pour ne pas avoir besoin d'édulcorant. Dans le cas contraire, les sucrer avec du jus de canne à sucre ou du sirop d'érable (ou pour donner un goût asiatique à la recette, du sucre de palme).

GRANITÉ À LA CRÈME DE COCO ET SALADE DE FRUITS

125 ml (½ tasse) de crème de coco

125 ml (½ tasse) de jus d'ananas frais

Miel cru (facultatif)

4 fruits de la passion, la pulpe seulement

¼ de petit ananas pelé et coupé en morceaux

1 petite mangue pelée et coupée en morceaux

2 kiwis pelés et coupés en morceaux

1 noix de coco verte, la pulpe seulement (facultatif)

Mélanger la crème de coco et le jus d'ananas et les sucrer au besoin. Verser le jus dans un bac à cubes de glace et le faire congeler complètement. Mettre la pulpe des fruits de la passion dans un bol et remuer délicatement avec les fruits (ananas, mangue et kiwis). Mettre les cubes de jus congelé dans le robot et les concasser en plusieurs fois, jusqu'à ce que le mélange soit lisse. Répartir dans des verres ou des bols froids. Remplir les verres de salade de fruits et de pulpe de noix de coco verte (s'il y a lieu).

Donne 4 portions

Variante : On peut utiliser d'autres fruits tropicaux comme la papaye, la carambole, la banane, le litchi, le mangoustan, l'anone (cherimoya) ou la nèfle d'Amérique (sapota). On peut aussi remplacer la salade de fruits par des graines de grenade et des quartiers de sanguine.

MOUSSE À LA PÊCHE AUX PISTACHES ET AUX FRAMBOISES

375 g (2 tasses) de pêches séchées

500 ml (2 tasses) d'eau

5 ml (1 c. à thé) de miel cru

2,5 ml (½ c. à thé) de cannelle moulue

45 g (¼ de tasse) d'amandes moulues

5 à 10 ml (1 à 2 c. à thé) d'eau de rose (facultatif)

45 g (¼ de tasse) de pistaches grossièrement hachées

125 g (1 tasse) de framboises

Faire tremper les pêches dans l'eau toute la nuit à la température ambiante. Le lendemain, égoutter les pêches en réservant le liquide de trempage. Réduire les pêches et 125 ml (½ tasse) du liquide en purée au robot culinaire, jusqu'à consistance lisse. Ajouter le miel, la cannelle, les amandes moulues et l'eau de rose (s'il y a lieu) et mélanger de nouveau. Répartir le mélange dans des coupes et le réfrigérer pour le faire prendre. Servir avec les pistaches et les framboises.

Donne 4 portions

Note : La poudre d'amandes vendue sur le marché est faite à partir d'amandes blanchies. Il est donc préférable de moudre ses amandes soi-même après les avoir fait tremper durant une nuit dans l'eau froide puis les avoir pelées. Il faut éviter de trop les moudre de manière à ne pas en perdre la précieuse huile.

Variante : On peut remplacer les pêches par des abricots et les framboises par un autre fruit au choix. Pour décorer ce dessert, on peut aussi le servir garni de pétales de rose.

ABRICOTS, PÊCHES ET NECTARINES AU VIN DOUX

4 pêches moyennes

4 abricots

4 nectarines

1 gousse de vanille fendue sur le long, graines et
   cosse séparées

2 bâtons de cannelle

375 ml (1 ½ tasse) de vin doux (Sauternes ou Riesling)

125 ml (½ tasse) de yogourt d'amandes (voir page
   107) (facultatif)

Couper les fruits en deux et les dénoyauter. Couper les moitiés en fines tranches puis les mélanger délicatement dans un grand bol de verre ou de céramique à la gousse et aux graines de vanille et aux bâtons de cannelle. Ajouter le vin, couvrir le plat et laisser macérer quelques heures à la température ambiante. Retourner les fruits à quelques reprises. À l'aide d'une écumoire, retirer les fruits du vin et les répartir dans des coupes puis ajouter le vin. Réfrigérer les coupes avant de les servir avec du yogourt aux amandes (s'il y a lieu).

Donne de 4 à 6 portions

Variante : Les petits fruits arrosés de champagne, et servis aussitôt, constituent un excellent dessert. On peut aussi faire macérer des tranches d'agrumes dans le vin. On peut alors remplacer le vin par du Grand Marnier (surtout avec les oranges). À cause de sa haute teneur en alcool, n'utiliser que le quart de la quantité indiquée dans la recette.

Sauces, vinaigrettes et condiments

TAPENADE AUX OLIVES NOIRES

125 g (1 tasse) d'olives noires dénoyautées

2 gousses d'ail broyées

1 petit piment fort épépiné et finement haché

30 ml (2 c. à soupe) de petites câpres rincées et asséchées

15 ml (1 c. à soupe) de jus de citron

20 g (2/3 de tasse) de persil haché

15 ml (1 c. à soupe) de romarin haché

15 ml (1 c. à soupe) de thym haché

125 ml (1/2 tasse) d'huile d'olive extravierge (et plus pour la conserver)

Sel marin

Poivre noir frais moulu

Mettre dans le robot culinaire tous les ingrédients et les mélanger jusqu'à la consistance désirée. Ajuster l'assaisonnement puis mettre le mélange dans un plat de verre ou de céramique. Bien presser le mélange pour en chasser les bulles d'air et le couvrir d'une couche d'huile d'olive. Couvrir et réfrigérer. La tapenade peut se conserver durant 1 semaine et être utilisée comme sauce à trempette avec des légumes crus ou comme base de vinaigrette.

Donne environ 250 ml (1 tasse)

RAITA AUX CONCOMBRES

2 concombres anglais (ou 4 libanais) pelés et émincés en diagonale

Sel marin

250 ml (1 tasse) d'eau

125 ml (1/2 tasse) de yogourt d'avoine (voir page 24)

5 ml (1 c. à thé) de jus de citron

Une pincée de poivre de Cayenne

2,5 ml (1/2 c. à thé) de cumin moulu

15 ml (1 c. à soupe) d'huile d'olive extravierge

Mettre les tranches de concombre dans un bol. Dissoudre 5 ml (1 c. à thé) de sel dans l'eau puis en couvrir les concombres. Laisser tremper durant 30 minutes puis égoutter et assécher les tranches avec du papier essuie-tout. Battre ensemble le yogourt d'avoine, le jus de citron, le poivre de Cayenne, le cumin et l'huile d'olive. Couvrir les tranches de concombre de vinaigrette et bien mélanger le tout. Servir avec des légumes crus ou des feuilles à salade.

Donne 4 portions

PÂTE DE TOMATES SÉCHÉES

30 tomates italiennes

1 gousse d'ail broyée

7 g (¼ de tasse) de persil haché

7 g (¼ de tasse) de basilic haché

30 ml (2 c. à soupe) d'huile d'olive extravierge (et plus pour la conserve)

Sel marin

Poivre noir frais moulu

Amener une grande casserole d'eau à ébullition puis la retirer du feu. Y jeter 6 tomates, les laisser blanchir durant 1 minute, les retirer de l'eau et rincer à l'eau froide. Remettre la casserole sur le feu. Peler les tomates – la peau devrait se détacher facilement – et répéter l'opération pour toutes les tomates. Couper les tomates en quartiers et en enlever le cœur. Étendre les quartiers sur un plateau du déshydrateur ou une plaque à pâtisserie et les faire sécher à 55 °C (110 °F) de 6 à 12 heures. Une fois les tomates séchées, les réduire en purée avec l'ail, les herbes et l'huile ; saler et poivrer au goût. Mettre la purée dans un plat de céramique ou un pot de verre, en chasser les bulles d'air et couvrir d'une mince couche d'huile. Couvrir et réfrigérer. La purée peut se conserver jusqu'à 1 semaine au réfrigérateur. Cette pâte peut servir de sauce à trempette, de base de vinaigrette ou on peut l'utiliser pour tartiner des avocats ou des courgettes ou d'autres légumes au goût.

Donne environ 250 ml (1 tasse)

Note : Les températures de séchage utilisées par certains fabricants de tomates séchées ne répondent pas toujours aux normes exigées par les adeptes des aliments crus. Pour s'assurer que les tomates ne contiennent pas d'agents de conservation ou qu'une huile n'a pas été pressée à froid, il est préférable de faire la recette présentée ici ou celle de la page 103. Une fois séchées, les tomates peuvent être conservées à la température ambiante (sans huile).

HUILE D'OLIVE À L'AIL ET AU ROMARIN

250 ml (1 tasse) d'huile d'olive extravierge
6 gousses d'ail
1 gros rameau de romarin
4 grains de poivre noir
2,5 ml (½ c. à thé) de sel marin

Verser l'huile dans une bouteille haute et étroite. Presser les gousses d'ail sans les briser puis les mettre dans l'huile. Ajouter le romarin froissé dans les mains afin d'en libérer l'arôme. Écraser un peu les grains de poivre et les ajouter à l'huile avec le sel. Boucher hermétiquement la bouteille et la retourner à quelques reprises pour bien y répartir les ingrédients. Mettre la bouteille au réfrigérateur toute la nuit puis la ramener à la température ambiante avant de s'en servir. Cette huile peut se conserver une semaine et être utilisée avec les tomates, les courgettes, les champignons, les radis et les poivrons.

Donne 250 ml (1 tasse)

Variante : Remplacer le romarin par quelques rameaux de thym. Pour une huile plus piquante, y ajouter un peu de piment fort broyé.

PESTOS

Basilic et pignons :

125 ml (½ tasse) d'huile d'olive extravierge (et plus
   pour sceller)

2 gousses d'ail

30 ml (2 c. à soupe) de pignons trempés durant
   6 heures dans l'eau froide

125 g (4 tasses) de feuilles de basilic

Sel marin

Poivre noir frais moulu

Coriandre et arachides :

90 ml (⅓ de tasse) d'huile d'olive extravierge (et plus
   pour sceller)

2 gousses d'ail

60 g (¼ de tasse) d'arachides

30 g (1 tasse) de coriandre fraîche

30 g (1 tasse) de persil plat (italien)

1 petit piment fort épépiné et finement haché
   (facultatif)

Sel marin

Poivre noir frais moulu

Roquette et noix de Grenoble :

90 ml (⅓ de tasse) d'huile d'olive extravierge (et plus
   pour sceller)

2 gousses d'ail

125 g (1 tasse) de noix de Grenoble

90 g (3 tasses) de roquette hachée

Sel marin

Poivre noir frais moulu

Tomates et amandes :

90 ml (⅓ de tasse) d'huile d'olive extravierge (et plus
   pour sceller)

4 gousses d'ail

90 g (⅔ de tasse) d'amandes entières trempées une
   nuit dans l'eau froide puis mondées

220 g (1 tasse) de tomates mûres coupées en dés

30 g (1 tasse) de feuilles de basilic

1 petit piment fort épépiné et finement haché
   (facultatif)

Sel marin

Poivre noir frais moulu

Méthode de préparation commune :

Mettre dans le mélangeur les ingrédients de la recette
choisie et les mélanger jusqu'à la consistance désirée. Mettre
le pesto dans un pot de verre ou un bol de céramique et en
couvrir la surface d'huile. Couvrir et réfrigérer. Le pesto peut
se conserver jusqu'à 1 semaine. On peut s'en servir dans les
salades, avec les légumes ou comme tartinade.

Chaque recette donne entre 250 et 500 ml (entre 1 et
2 tasses) de pesto

Variante : On peut aussi utiliser des noix de cajou, des
noisettes, de la menthe ou du cresson.

CITRONS MARINÉS

6 citrons biologiques
135 ml (9 c. à soupe) de sel marin
2 feuilles de laurier
2 bâtons de cannelle
Jus de citron pour couvrir

Brosser les citrons et les couper presque complètement
en quartiers (jusqu'à la base). Éliminer toutes les graines
visibles. Mettre 15 ml (1 c. à soupe) de sel au fond d'un pot
stérilisé d'une capacité de 1 litre (4 tasses). Frotter de sel le
zeste de chaque citron et mettre le reste au centre ;
refermer les citrons sur eux-mêmes. Mettre les citrons dans
le pot avec les feuilles de laurier et la cannelle. Ajouter du
jus de citron pour remplir complètement le pot, sceller
celui-ci et le laisser au soleil quelques jours. Remuer le pot
une fois par jour au moins puis laisser macérer les citrons
pendant 3 ou 4 semaines. Leur zeste devrait alors être
complètement mou. Une fois ouvert, conserver le pot au
réfrigérateur. Au moment d'utiliser, bien rincer les citrons
et les hacher finement.

Donne 6 citrons marinés

CHOUCROUTE

1 chou de Savoie moyen
125 g (½ tasse) de sel marin
15 ml (1 c. à soupe) de graines de carvi, quelques
    grains de genévrier ou 2 feuilles de laurier

Couper les feuilles extérieures du chou, les rincer et
réserver. Râper finement le chou et le presser avec le sel
pour en faire sortir le maximum de liquide. Incorporer le
carvi, le genévrier ou le laurier et bien presser la choucroute
dans un pot de grès ou de terre cuite. Couvrir le tout des
feuilles de chou réservées. Mettre une assiette sur le dessus
de la choucroute et placer un objet lourd d'un poids de
2,5 kg (5 lb) sur l'assiette (une brique par exemple). Couvrir
le pot de mousseline puis d'un couvercle. Faire fermenter la
choucroute dans un lieu frais et sombre pendant 1 semaine
ou plus. Une fois la choucroute prête, en jeter les feuilles et
la conserver au réfrigérateur. Rincer la choucroute avant de
l'utiliser.

Donne environ 500 g (1 lb) de choucroute

TOMATES SÉCHÉES AU SOLEIL OU AU FOUR

12 tomates italiennes
Sel marin (facultatif)
Gousses d'ail entières (facultatif)
Basilic, thym ou romarin (facultatif)
Piment fort (facultatif)
Poivre noir frais moulu (facultatif)
Huile d'olive

Couper les tomates en deux sur le long puis en garder ou en éliminer les graines, au choix (les tomates prendront plus de temps à sécher avec leurs graines). Placer les tomates sur un treillis de métal ou de bambou et les faire sécher au soleil à l'abri des insectes et des prédateurs. Le séchage peut exiger de quelques jours à une semaine. Rentrer les tomates à l'intérieur pour la nuit de manière à ce qu'elles ne se couvrent pas de rosée. Une fois les tomates séchées, les mettre en pot avec les condiments choisis. Couvrir les tomates d'huile d'olive et chasser les bulles d'air des pots avec un couteau. On peut aussi placer les tomates préparées sur un plateau du déshydrateur ou une plaque à pâtisserie et les faire sécher à 55 °C (110 °F) de 10 à 12 heures, puis procéder comme pour le reste de la recette. L'huile peut ensuite être utilisée dans les vinaigrettes. Si on prévoit s'en servir rapidement, il n'est pas nécessaire de couvrir d'huile les tomates séchées.

Donne 24 moitiés de tomates séchées

Note : On peut faire sécher les champignons communs (blancs) de la même manière après les avoir parés, essuyés et coupés en tranches de 0,5 cm ($^1/_4$ de po) d'épais. Une fois bien séchés, ils se conservent dans un contenant hermétique.

Boissons

BOISSON GLACÉE AU CAMPARI ET À LA SANGUINE

400 ml (1 ²/₃ tasse) de jus de sanguine frais, filtré

60 à 120 ml (¼ à ½ tasse) de Campari

4 longues lanières de zeste d'orange nouées en
　　boucles

Verser le jus de sanguine dans un bac à cubes de glace et le faire congeler complètement. Environ 30 minutes avant de servir, mettre 4 verres à martini au congélateur. Mettre les cubes de jus de sanguine dans le robot culinaire et les mélanger à plusieurs reprises jusqu'à consistance fine mais encore granuleuse. Mettre la glace de sanguine dans les verres et l'arroser de Campari. Garnir les verres de nœuds de zeste d'orange et servir aussitôt.

Donne 4 portions

Variante : On peut remplacer les sanguines par des oranges, des mandarines, des tangerines ou des pamplemousses roses. On peut aussi remplacer le Campari par du Cointreau ou du Grand Marnier.

BOISSON RAFRAÎCHISSANTE
AU CONCOMBRE ET À LA MENTHE

2 concombres anglais (ou 4 libanais moyens) pelés (ou
    non pelés)

10 ml (2 c. à thé) de gingembre finement râpé

250 ml (1 tasse) d'eau

30 g (1 tasse) de feuilles de menthe fraîche

Hacher grossièrement les concombres et les mélanger avec le gingembre, l'eau et les feuilles de 2 tiges de menthe au mélangeur jusqu'à consistance lisse. Verser le liquide obtenu sur des cubes de glace placés dans des verres, garnir de feuilles de menthe et servir aussitôt.

Donne 2 portions

Note : Cette boisson est rapide à faire, peu énergétique et très rafraîchissante durant les chaudes journées d'été.

BOISSON INDIENNE À LA MANGUE ET À LA CARDAMOME

60 g (½ tasse) d'amandes entières trempées une nuit
  dans l'eau froide puis mondées

125 ml (½ tasse) d'eau

2,5 ml (½ c. à thé) de miso

1 grosse mangue mûre dont la chair a été coupée en
  morceaux

15 ml (1 c. à soupe) de miel cru

Une bonne pincée de cardamome moulue

8 à 10 cubes de glace

10 ml (2 c. à thé) de pistaches hachées (facultatif)

« Yogourt » aux amandes : Broyer les amandes au robot
culinaire jusqu'à consistance fine. Ajouter l'eau et le miso,
verser le mélange dans un plat de céramique et couvrir
celui-ci de mousseline. Laisser reposer au chaud durant
10 heures ou jusqu'à ce que le mélange soit plus sur au
goût. Refroidir le tout au réfrigérateur.

Pour préparer la boisson, mettre dans le mélangeur le
yogourt froid, la chair de mangue, le miel et la moitié de
la cardamome (en rajouter plus tard au goût) et mélanger
jusqu'à consistance lisse. Ajouter les cubes de glace et bien
les concasser dans le jus. Servir cette boisson dans des
verres froids, garnie de pistaches (s'il y a lieu).

Donne 2 portions

Note : On peut aussi ajouter de l'eau de rose à la recette.
En Inde, cette boisson appelée *lassi* peut être simplement
assaisonnée de sel, de poivre et de cumin. Pour accélérer
la fermentation du yogourt, utiliser 15 ml (1 c. à soupe) de
celui précédemment préparé. Ce yogourt peut se conserver
quelques jours au réfrigérateur.

INDEX